中国财政发展协同创新中心2014年重大协同创新任务
"应对重大国家安全挑战背景下国防经费与国防经济系列理论与现实问题研究"支持项目
中国财政发展协同创新中心应对重大国家安全挑战的国防财政经济能力建设研究团队成果
国家自然科学基金国防支出与经济增长的理论拓展和实证研究项目(71403308)支持
中央财经大学双一流和特色引导学科专项国防经济与管理研究院建设项目

"十二五"国家重点图书出版规划项目

国防经济学系列丛书　　　　　　　　　　　　精品译库

国防经济学系列丛书

编辑委员会

王树年（国家发展和改革委员会）　　陈炳福（海军工程大学）
毕智勇（国家发展和改革委员会）　　魏汝祥（海军工程大学）
翟　钢（财政部）　　　　　　　　　樊恭嵩（徐州空军学院）
董保同（国防科技工业局）　　　　　贾来喜（武警工程大学）
姚　斌（国防科技工业局）　　　　　雷家骕（清华大学）
邱一鸣（总参谋部）　　　　　　　　刘涛雄（清华大学）
周代洪（总政治部）　　　　　　　　孔昭君（北京理工大学）
周　宏（总后勤部）　　　　　　　　陈晓和（上海财经大学）
游光荣（总装备部）　　　　　　　　丁德科（西安财经学院）
余爱水（空军）　　　　　　　　　　林　晖（国务院发展研究中心）
李　鸣（海军）　　　　　　　　　　杨价佩（国防科技工业局咨询委员会）
库桂生（国防大学）　　　　　　　　莫增斌（中国国际工程咨询公司）
姜鲁鸣（国防大学）　　　　　　　　安伟时（中国兵器工业集团公司）
卢周来（国防大学）　　　　　　　　赵澄谋（中国国防科技信息中心）
刘义昌（军事科学院）　　　　　　　张玉华（中国国防科技信息中心）
武希志（军事科学院）　　　　　　　杨天赐（全国高等财经教育研究会）
曾　立（国防科技大学）　　　　　　李俊生（中央财经大学）
顾建一（后勤学院）　　　　　　　　赵丽芬（中央财经大学）
郝万禄（后勤学院）　　　　　　　　李桂君（中央财经大学）
徐　勇（军事经济学院）　　　　　　邹恒甫（中央财经大学）
郭中侯（军事经济学院）　　　　　　陈　波（中央财经大学）
方正起（军事经济学院）　　　　　　侯　娜（中央财经大学）
黄瑞新（军事经济学院）　　　　　　白　丹（中央财经大学）

总主编　翟　钢　陈　波
丛书联络　中央财经大学国防经济与管理研究院

"十二五"国家重点图书出版规划项目
国防经济学系列丛书·精品译库

和平经济学
PEACE ECONOMICS

冲突国家宏观经济分析

［美］于尔根·布劳尔　　［英］保罗·邓恩　　著
（Jurgen Brauer）　　　（Paul Dunne）

陈波　侯娜　主译

中国财经出版传媒集团

经济科学出版社
ECONOMIC SCIENCE PRESS

图字 01-2016-5893

Peace Economics: A Macroeconomic Primer for Violence-Afflicted States

Copyright © 2012 by the Endowment of the United States Institute of Peace Press. All Rights Reserved. Authorized Translation from English Language edition published by the United States Institute for Peace Press.
Copyright © 2016 by Economic Science Press. All Rights Reserved

© 2016 中国大陆地区简体中文专有版权属经济科学出版社
版权所有　翻印必究

译 者

主译：
  陈 波（中国财政发展协同创新中心 2014 年重大协同创新任务首席专家、
     中央财经大学国防经济与管理研究院院长、教授、博士生导师）
  侯 娜（中央财经大学国防经济与管理研究院副院长、副教授、硕士生导师）

参译：
  张 笑（国家发展和改革委员会国防动员发展研究中心二室副主任、副研究员）
  郝朝艳（中央财经大学国防经济与管理研究院副教授、硕士生导师）
  刘海娇（国家开发银行职员、中央财经大学国防经济与管理研究院硕士）
  金鸿锋（中央财经大学国防经济与管理研究院国防经济专业硕士研究生）

审校：
  侯 娜（中央财经大学国防经济与管理研究院）
  刘海娇（中央财经大学国防经济与管理研究院）

总　序

兵者，国之大事，死生之地，存亡之道，不可不察也！国防经济学起于战争实践，又与人类的和平与发展息息相关，这些年取得了飞速发展。为全面、系统反映国防经济学发展全貌与演进，总结挖掘国防经济实践成果，展示现代国防经济学发展方向，我们组织编写了这套《国防经济学系列丛书》。

《国防经济学系列丛书》包括四个子系列：(1) 国防经济学核心教材；(2) 国防经济学学术文库；(3) 国防经济学精品译库；(4) 国防经济学博士文库。重点展示国防经济学领域学者在一般性基础理论和方法研究、国家战略层面对策研究，以及面向现实的重大应用研究等方面的研究成果。丛书选题涵盖经济与安全、战略与政治、国防与和平经济、国防财政、国防工业、国防采办、国民经济动员等相关领域，既包括国防经济学领域的基本理论和方法介绍，如《国防经济学》、《国防经济思想史》等；也包括对一些国家或领域国防经济情况的专门介绍，如《美国国防预算》、《国防财政学》等；还包括对国际国防经济学领域研究最新发展情况的介绍，如《国防经济学前沿专题》、《冲突经济学原理》等。

《国防经济学系列丛书》瞄准本领域前沿研究领域，秉承兼容并蓄之态度，建立开放性运行机制，不断补充新的选题，努力推出中国一流国防经济学者在本领域的教学、科研成果，

并希望通过借鉴、学习国际国防经济学发展的先进经验和优秀成果，进一步推动我国国防经济学研究的现代化和规范化，力争在一个不太长的时间内，在研究范围、研究内容、研究方法、分析技术等方面使中国国防经济学在研究的"广度"和"深度"上都能有一个大的提升。

在"十二五"国家重点图书出版规划项目支持下，本套丛书由中央财经大学国防经济与管理研究院发起筹备并组织编辑出版，该院组成了由国内外相关高校、科研机构和实际工作部门的一流专家学者组成的编辑委员会，参与编审、写作和翻译工作的除来自中央财经大学国防经济与管理研究院、中国金融发展研究院、中国经济与管理研究院、政府管理学院、经济学院、财政学院等教学科研单位的一批优秀中青年学者外，还有来自清华大学、北京大学、中国人民大学、复旦大学、南开大学、北京理工大学、军事科学院、国防大学、国防科技大学、后勤学院、军事经济学院、海军工程大学、中国国防科技信息中心等国内国防经济与相关领域教学与研究重镇的一批优秀学者。经济科学出版社积极支持丛书的编辑出版工作，剑桥大学出版社等也积极支持并参与部分图书的出版工作。

海纳百川，有容乃大。让我们携起手来，为推动中国与国际国防经济学界的交流、对话，为推进中国国防经济学教育与研究的大发展而贡献我们的智慧、才华与不懈的努力！

是为序。

翟 钢 陈 波
2010 年 6 月于北京

译者序

和平，多么诱人的字眼，没有人不希望和平，没有国家不希望和平，因为有了和平，人们才可以安居乐业；因为有了和平，国家才能让人们生活得更好。和平经济学的发端、成长是20世纪世界范围内防务与和平领域和经济学领域研究的一大成就，不但为上述领域的研究开辟了一片新的领地，而且有利于人们用经济学的理论和经济方法来理解冲突与和平领域中的各种争议和问题，保持宏观经济稳定、增长，并持久维护安全、稳定的社会。

一

1919年，经济学家凯恩斯（Keynes）参加了巴黎和会，身份是英国财政部的首席代表和首相劳合·乔治的顾问。他试图减少协约国对德国的巨额赔款要求，遭到失败后辞职并撰写和发表了《和平的经济后果》[①]一书。在书中，凯恩斯提出，针对德国的巨额赔款和经济制裁以阻碍其重建与发展的做法非常危险，它只会增加德国人民的仇恨。正如凯恩斯的预见，《凡尔赛和约》的重压使德国在第一次世界大战之后持续陷入经济困境，由于赔款的压力，马克剧烈贬值，从而引发了空前的恶性通货膨胀；而美国和欧洲战胜国的经济也并没有受益于赔款，严重的国际经济不平衡带来了世界范围的经济大萧条。德国魏玛共和国受到了大萧条极大的重击，失业率飙升，特别是在大城市中，政治转向了极端主义。1933年1月，希特勒的纳粹党上台执政，建立了独裁政府，引发了第二次世界

[①] Keynes, John M. (1920). *The Economic Consequences of the Peace.* London: Macmillan.

大战,该冲突成为人类历史上最具毁灭性的战争性灾难。①

在付出了如此惨重的教训之后,人们开始重新审视凯恩斯在《和平的经济后果》中提到的论点、方法和政策。第二次世界大战之后,西欧各国尤其是联邦德国的经济迅速恢复和长足发展,大致上受到了《和平的经济后果》的影响。② 按照凯恩斯理论的主张,政府开始积极扮演经济舵手的角色,通过财政与货币政策来解决经济问题。"二战"后,《马歇尔计划》(或称《欧洲复兴计划》)对欧洲国家的经济发展和世界政治格局产生了深远的影响,这一定程度上也促使学术界从关注战争向关注战后和平重建转变。

二

和平经济学有两大核心内容:一是诸如凯恩斯理论的经济学原理与方法在战争与和平问题上的应用;二是政治家和政府对确保和平相关问题的解决与维持稳定的和平的政策制定和实施,在这样的背景下,更多的学者开始利用经济学方法来研究战争与和平。20世纪60年代,在与"战争相关"项目(Correlates of War Project)、国际和平科学学会及《冲突解决》杂志有关的一些学者和团体的推动下,战争的科学研究被打下了坚实的基础。③ 一大批知名的经济学家如博尔丁(Boulding)、伊萨尔德(Isard)和谢林(Schelling)等成为和平经济学的重要人物,和平经济学作为经济学的一个分支领域,逐渐发展了起来。

当前,被广泛引用的和平经济学定义主要有如下几种:伊萨尔德(1994)将和平经济学定义为主要关注:(1)在经济领域或行为单位经济活动之间的冲突的解决、管理和减少;(2)应用经济学的措施和政策应对和控制冲突(无论经济成本是否合适);(3)冲突对企业、消费机构、政府和社会经济行为和福利的影响。④ 安德顿和卡特(Anderton & Carter, 2007)给出了和平经济学的综述,并将和平经济学定义为利用经济学方法和原理来解释国际体系内潜在或实际发生

---

① *Weimar Republic and the Great Depression*. Historylearningsite. co. uk. Retrieved 02 – 05 – 2015.

② [英] 约翰·梅纳德·凯恩斯,张军、贾晓屹译:《和平的经济后果》,华夏出版社2008年版。

③ Anderton, Charles H. and John R. Carter. (2007). "A Survey of Peace Economics", In Todd Sandler and Keith Hartley, eds., *Handbook of Defense Economics*. Vol. 2. Amsterdam: Elsevier.

④ Isard, W. 1994. "Peace Economics: A Topical Perspective", *Peace Economics, Peace Science, and Public Policy*. Vol. 1, No. 2.

的暴力冲突的起因和后果，以及暴力冲突避免、管理和解决的途径。[①] 布劳尔和卡鲁索（Brauer & Caruso, 2012）提出，和平经济学是用经济学方法研究和设计政治、经济和文化机制，它们之间的相互关系，以及用以防止、减少或解决各个社会内部和之间任何类型的潜在或实际暴力冲突或其他破坏性冲突的政策。[②]

显然，按照这样的定义，和平经济学具有三个定义性特征：第一，经济学的方法和原理可以有效地应用于和平与冲突的研究；第二，和平经济学的主要目标是确定和解释潜在或实际发生的暴力冲突的起因和后果，以及暴力冲突避免、管理和解决的途径；第三，政治、经济和文化机构、组织的协同合作，应用和平经济学去设计和有效减少暴力冲突，建设与维持稳定和平的机制与政策。

三

近年来，国家间战争和国内战争数目有所下降，例如 1998～2007 年间，全球仅发生了 3 起国家间冲突和 30 起内战。[③] 但为传统战争减少而欢欣却是不合时宜的，战争冲突和暴力在这个世界依然存在，在人类纪念第二次世界大战六十周年的今天，新的威胁形式如有组织犯罪、非法贸易和恐怖主义等，都成为 21 世纪发展不得不面对的挑战。当今世界仍有高达 15 亿人生活在受脆弱性、冲突或大规模有组织刑事暴力影响的地区，而且这些低收入的脆弱国或受冲突影响的国家完全没有实现联合国千年发展目标的任何一项，21 世纪的冲突与暴力仍是国际社会的一道深深创伤。[④]

有名的《经济学人》比较了两个非洲小国布隆迪与布基纳法索的经历：在 1990 年前，两国的增长率及收入水平相似。但在 1993 年下半年，布隆迪在总统遇刺后爆发内战。在随后的十几年间，30 万人丧生，死难者以平民为主。而和平安宁的布基纳法索如今已比布隆迪富裕 2.5 倍。生活在受脆弱性、冲突或大规模有组织刑事暴力影响地区的民众有许多人受困于暴力循环之中，在 2000 年以来经历过内战的 39 个国家中，几乎全都在此前 30 年中发生过另一场内战——20

[①] Anderton, Charles H. and John R. Carter. (2007). "A Survey of Peace Economics", In Todd Sandler and Keith Hartley, eds. *Handbook of Defense Economics*. Vol. 2. Amsterdam: Elsevier.

[②] Brauer, Jurgen and Raul Caruso. (2012). "Economists and Peacebuilding", In Roger MacGintry (ed.), *Handbook on Peacebuilding*. London: Routledge.

[③] *SIPRI Yearbook* 2008.

[④] World Bank, *World Development Report* 2011.

世纪 60 年代，这种现象的比例要低许多。① 正如《2011 年世界发展报告》所指出的，如今发展所受到的主要约束或许不是贫困陷阱，而是暴力陷阱。和平的国家正在成功摆脱贫困，而贫困现象正在集中于那些被内战、冲突及有组织犯罪撕裂的国家。

战争仅仅是暴力的一种形式，更多的国家不断遭受低烈度冲突、高谋杀率、有组织犯罪等较低强度暴力的折磨。例如，在危地马拉，如今每年（主要由犯罪团伙实施的）谋杀案的遇难者人数已高于该国在 20 世纪 80 年代内战中死亡的人数。武装暴力平均每年造成 52600 人员死亡，但是其中只有 1/10 是武装冲突的受害者，3/4 的死亡（约 396000 人）基本源于人际犯罪暴力。和平经济学将目光投入到更宽泛形式的冲突上。冲突播下了进一步动荡的种子而造成巨大的经济破坏，使得逃离暴力陷阱困难重重。经济问题（如贫穷）是滋生暴力的温床，据研究，40% 的年轻人会由于失业而加入犯罪团伙或叛乱组织，相较而言，出于信仰原因的人数可能不到 10%。② 从暴力到贫穷，再从贫穷到暴力，这样的恶性循环如何打破也成了国际社会正在制定的今后 15 年新的发展目标之一。③ 世界银行也转而重视其长期以来忽视的安全问题（如千年发展目标中没有直接与安全相关的项目），将和平与安全视为创造就业和经济发展的重要因素。④

四

创建良好的经济政策和稳定的宏观经济框架，对社会从暴力冲突中恢复和重建至关重要。但是，当前大多参与重建的实践者缺乏有效应用经济手段的基础知识和能力。布劳尔、邓恩的这本书正试图提供与冲突有关国家宏观经济学的一个基本分析，并延伸至了超越经济领域的社会重建、社会契约和社会资本等范畴。本书的主要内容围绕以下四个方面展开：第一，以通俗易懂的方式解释关键的经济学概念、原理及其在和平经济中的应用；第二，介绍重要的相关问题、数据和度量；第三，分析关键机构的作用和责任；第四，提供暴力冲突预防、调解、和平协议和冲突后管理的经验和教训。作者在第 1 章提供了冲突与经济发展的相关

---

① The Economists, *The economics of violence*, 04 – 14 – 2011.
② The Economists, *The economics of violence*, 04 – 14 – 2011.
③ Copenhagen Consensus and Post – 2015 Consensus, available at http://www.copenhagenconsensus.com/post – 2015 – consensus（accessed 02 – 08, 2015）.
④ World Bank, *World Development Report* 2011.

译者序

分析，通过对冲突的成本、经济学目标和经济政策要素的讨论，指出冲突阻碍发展，而缺乏发展甚至缺乏发展的希望是冲突的主要诱因。创建（或重建）恰当的宏观经济框架和政策，促进形成全球性的公共政策干预、援助，才能形成有利于发展的条件。第 2 章介绍了经济增长理论和政策，讨论了冲突如何扰乱经济体系，并引发不断抑制经济的恶性循环，以及如何制定增加资产、减少贫困和冲突的策略。第 3 章从长期经济发展目标转向短期宏观经济稳定性考量，指出受冲突影响国家的财政政策和货币政策功能失调，因此制定恰当的税收、利率以及援助等相关政策就十分重要和必要。第 4 章分析了冲突与国际贸易和国际金融的密切关系，即战争和暴力会干扰各国和国际组织对国际贸易和相关资金流动的管理，而贸易和金融的管理不善是冲突产生的原因之一，因此制定适当的贸易和金融政策，有助于受冲突影响国家在经济全球化环境下重建和平。第 5 章得出了从设计视角理解和推进和平，重构社会契约、建立实现稳定和平新机制的十二条经验原则。

本书的作者于尔根·布劳尔教授，任职于美国奥古斯塔州立大学的詹姆斯·M·赫尔商学院。从布劳尔教授发表的大量学术论文和著作中，可以看到其研究主要关注和平与冲突、军事、经济发展和经济教育。布劳尔教授曾担任世界银行、联合国、北约等国际和地区组织的顾问，以及纽约货币监理署的首席经济学家。从 1998 年至 2005 年，布劳尔教授担任和平与安全经济学家协会副主席。他还是《和平与安全经济学》杂志的联合创刊人和联合主编。保罗·邓恩教授现任职于南非开普敦大学经济学院，并任英国西英格兰大学的荣誉教授、泰国朱拉隆功大学访问教授，以及南非劳动与发展研究所研究员。邓恩教授曾任职于英国密德萨斯大学、利兹大学、剑桥大学、华威大学和伦敦大学伯克贝克学院，他的主要研究领域是和平与安全经济学、国防经济学、产业经济学、宏观计量经济模型和宏观经济政策分析。邓恩教授是和平与安全经济学家协会（英国）主席，并和布劳尔教授一同担任《和平与安全经济学》杂志联合主编。基于在经济学与和平经济学领域的多年出色研究，两位教授共同为我们贡献了这部将大量经济学原理和现实案例有效浓缩进冲突、和平等问题的分析，对促进国际学术界和国际社会对此的理解，将起到非常重要的作用。

中国是爱好和平的国度。但世界发展并不平衡，经济全球化以及国际社会致力于全球的可持续发展，一方面给大多数发展中国家的确带来了一定程度的经济发展；然而另一方面，不公正不合理的国际政治经济旧秩序并未根本改变，贫

穷、冲突、战乱仍是这个世界难以抹去的疤痕，为了更好地理解和平、发展、冲突与经济等方面的关系，也为了更好地理解和平经济学，我们将本书引入中国。

  本书的翻译工作由陈波博士组织并审阅定稿，侯娜博士进行了初稿的全面校译和修改工作，刘海娇进行了大量的前期翻译和准备工作。来自中央财经大学国防经济与管理研究院、国家发展和改革委员会国防动员发展研究中心、国家开发银行的六位中青年学者担任翻译工作，我们感谢各位译者的辛劳和高水平的工作……

  国内对和平经济学的研究还几近空白，这本书也几乎是国际学术界近年来首部关注和平设计和宏观经济、政策及社会机制并以和平经济学命名的专著，作为最大的发展中国家，没有人能比我们更珍视和平……然而由于作者所处的社会环境和全书的基本原理仍以西方经济学的理论和政策为基础，所以对其研究内容和方法，必须有甄别地加以分析、借鉴与吸收。书中观点也不代表译者和所在机构的观点。时代对和平经济学提出了挑战，也给予了难得的发展机遇，和平经济学家任重而道远……

陈 波 侯 娜

初讨论于法国格勒诺布尔

再讨论于瑞士日内瓦

2015年7月

于尔根·布劳尔将此书献给孩子乔纳森、里昂和安妮
保罗·邓恩将此书献给父亲约翰

对《和平经济学》的好评

冲突对经济发展的影响非常大,然而它还未受到足够的重视。于尔根·布劳尔和保罗·邓恩以其广阔的视角,通过将一般经济理论与经济增长案例研究联系起来,为此做出了巨大贡献,尤其是在内、外部冲突作用的强调上。

——肯尼思·J·阿罗:诺贝尔经济学奖获得者,斯坦福大学堪内经济学教授、运筹学教授

对于任何有兴趣了解和评估战争成本和如何创建能确保稳定和平真正有兴趣的人而言,《和平经济学》是必读的。它出色地阐述了战争与和平的政治经济学。建设和平机制的十二条设计原则及四条政策教训,出色地为政策制定者和有关人员提供了重建信任、社会资本与合作和谐社会政治关系的经济和社会工具。对任何有兴趣确保21世纪是成熟和平时代的人,我由衷地推荐这本书。

——凯文·P·克莱门茨:新西兰达尼丁奥塔哥大学国家和平与冲突研究中心基金会主席和负责人、前国际和平研究学会秘书长。

这卷名为《和平经济学》的书将成为所有和平经济学家的金科玉律。于尔根·布劳尔和保罗·邓恩是最杰出和平经济学家之中的两员,他们创作出了这本及时、细致入微和卓越的书,它精心收集了发展和平经济学分析基础所需的涵盖社

会、文化手段的现代宏观经济学方法。对消除和平经济学是仅依靠经济原理所建立的诡辩，这本书将成为关键并具决定性的一步。

——帕尔塔·加格帕德：《国际发展与冲突》杂志主编、西悉尼大学经济与金融学院副教授

大多数的经济学都是和平经济学，因为他们都假设排除冲突，然而冲突是普遍的，经济发展也的确影响使用暴力的动机。本书严肃地对待冲突，并探讨了宏观经济政策是如何在保持或恢复和平方面做出贡献的。它以相关从业者面临减少冲突或试图提高后冲突重建的方式来展示基本的经济学原理。总结了各阶段关键的政策经验和要点，最后一章关注了如何设计和推进和平。布劳尔和邓恩将大量的工具、材料非常有效地浓缩在一起，深受冲突之苦国家的决策者会发现它非常有用。

——罗恩·史密斯：伦敦大学伯贝克学院应用经济学教授

为什么经济学家应关注冲突？布劳尔和邓恩已经得出了一个非常令人信服的答案：不仅冲突的经济成本和原因会阻碍长期发展，而且冲突也是经济本质的一部分。掠夺和抢劫及生产和交换都是资源分配的方式。对于那些对冲突影响国家宏观经济，以及如何创建持续且具有恢复能力的和平感兴趣的学者和实践者们而言，这本书是必需的参考。

——胡安·瓦格斯：罗萨里奥大学经济学教授

学术前言

《和平经济学》是介绍冲突相关经济因素的入门读本，这些因素可能会引起冲突或作为冲突的结果。无论起因是什么，这些因素都会使以政治手段而非暴力手段预防、解决或转化冲突的努力变得更为复杂。本书的目的是为非专业人士提供冲突的经济学解读及解决这些问题的建议。本书产生于美国和平研究所可持续经济中心的努力，该中心引领研究所在冲突管理与推进和平的经济学方面的工作。

本书是新学术入门系列丛书的第一部。这一系列丛书的目的是向读者介绍冲突管理的主题，并提供主要概念的解释，并为政策制定者和执行者在冲突地区计划和开始实施时如何使用这些概念提供建议。该系列的其他书籍将关注冲突分析、基于差异身份的参与、以及从战争到和平转换中的管理和有关实践。

在这个快速发展且经常不稳定的全球环境中，很多机构——包括美国政府、联合国、地区组织和许多非政府组织（NGO），正致力于预防冲突及冲突后的行动。然而这些组织提供的训练差异很大，许多实践者都表现出对这些复杂行动应有更多准备的愿望。

因此，美国和平研究所在2009年建立了国际冲突管理与和平建设学院，为准备在国外冲突地区有效工作的实践者，以及决策制定者提供预防与冲突管理有效战略方面的有益帮助。学院是专业的教育与培训中心，它为实践者提供关于冲突预防、管理和解决的课程。利用和平研究所在本领域25年的领导力，这些课程强调策略性思考和实际技巧，它们包含理论与实践的综合。参与者来自不同的背景：美国政府机构、国际伙伴的大使馆和外交部、国际机构、非营利性部门、军方、国际发展机构、教育机构等。通常，参与人员在他们的领域内已有多年的

相关经验。

相信与这些课程相伴的书籍，对正致力于冲突管理和和平建设的政府、军方、非政府组织以及民事机构相关人员一定十分有用，其也可能在大学课堂和书架上找到其相应的位置。

我们希望获得读者令人激动的全新反馈。你可以在 academy@usip.org 上找到我们，你也可以在 usip.org 上查到有关研究所和学院的最近信息。

帕格拉·艾尔　院长
美国和平研究所
国际冲突管理与和平建设学院

目　录

摘要	I
致谢	II
引言	I
1　冲突与经济发展	1
冲突的经济成本：第一印象	1
资产、收入与浴缸原理	5
宏观经济政策与政治	10
冲突、经济发展和全球公共政策	13
失败与成功：两个案例研究	18
政策教训与忠告	22
2　长期经济目标：投资、生产力与增长	24
经济绩效度量	27
冲突对经济增长的影响	30
机构与政策	36
失败与成功：两个案例研究	39
政策教训与忠告	43
3　宏观经济稳定与动荡应对	45
宏观经济框架	46
财政政策：胁迫下的治理	53
货币政策：冲突世界的功能错乱	59
机构与政策	63

  失败与成功：两个案例研究 65
  政策教训与忠告 68

4 全球经济：国际贸易与金融 70
  国际收支平衡表 70
  冲突与国际贸易 73
  冲突与国际金融 77
  机构与政策 83
  失败与成功：两个案例研究 86
  政策教训与忠告 89

5 设计与推进和平 91
  设计经济学 92
  社会契约与和平设计经济学 94
  第三方干预 104
  机构与政策 106
  失败与成功：两个案例研究 110
  政策教训与忠告 113

附录A 暴力及武装活动分类 114
附录B 案例国的普遍特征 116
附录C 术语表 117
索引 123

摘　要

- 在和平发展和国家建设过程中，努力创建良好的经济政策和稳定的宏观经济框架已经成为中心理念，然而只有很少的实践者具备在工作中有效运用这些理念的经济背景。这本关于受冲突折磨国家宏观经济原理的入门读本正是为了解决这个问题。

- 本书涵盖了经济发展、经济增长、宏观经济稳定、国际贸易和金融的理论与实践，尤为关注冲突及从冲突影响中恢复过来的途径及其对上述内容的影响。尽管由于一系列的原因，冲突的经济影响很难量化，但很明显的是，无论在战争期间还是战后很长一段时间，战争和其他冲突几乎完全负向影响经济。然而，有效的和平协议、良好的经济政策设计及有效的援助都能在一定程度上减轻经济损失，从而减少冲突复发的机会。

- 从经济学角度构建和平，并创立能够实施源于和平协议政策的机制，最终会使实践者无论是领导者还是最终的政府与公众之间遵从旨在重构社会契约与重建社会资本的原则。这些原则并不一定能保证成功，但正如理论和冷战结束后签订的和平条约所表现的那样，它们能够提高创建更好和平的机会。

致 谢

在致力于为工作于经济—冲突关系领域的学者与实践人员提供指南而开展的一系列会议之后，本报告由美国和平研究所可持续经济中心发布。本项目由美国和平研究所可持续经济中心主任雷蒙德·吉尔平（Raymond Gilpin）与和平与安全经济学家联合会一同负责。在华盛顿美国和平研究所，2010年2月19日举行的评议会上讨论了报告初稿。此报告不代表作者曾在或正在工作机构的观点。感谢来自卓曼妮·阿玛拉（Jomana Amara）、马特·巴杰（Matt Barger）、科琳·卡拉汉（Colleen Callahan）、雷蒙德·吉尔平、科里内·格拉夫（Corine Graff）、内特·哈根（Nate Hagen）、西娅·哈维（Thea Harvey）、迈克·哈日拉（Michael Hazilla）、皮特·豪沃尔斯（Peter Howells）、维纶·约翰逊（Willene Johnson）、阿曼达·马约拉尔（Amada Mayoral）、博哈努·门格斯图（Berhanu Mengistu）、诺姆·奥尔森（Norm Olsen）、巴塞尔·萨利赫（Basel Saleh）和罗恩·斯密斯（Ron Smith）等的有用评论。我们也感谢编写和出版本书的布莱恩·斯莱特里（Brian Slattery）和美国和平研究所出版社的员工。本文所表述的观点完全是作者本人的，并未反映任何机构或其成员的观点。

引 言

> 重建的经济问题正是关于社会资本的重建，重建仅是一个经济发展的特殊情况。如果我们要去全面地理解此问题，我们就必须通过经济发展来探求它意味着什么，并试着去探索它是如何产生的。①
>
> ——肯尼思·E·博尔丁（Kenneth E. Boulding）

没有经济学就不存在战争或和平。对经济的不满，如极端不公平的财富分配，缺少挣钱的机会，或对自然资源的争夺——都会引发战争。在战争中，经济力量既会提供也会损坏资源，而且，战后良好运转的生产与交换机制需重新结合在一起，否则战争可能再次发生。

作为侵略者或受害者，即便是表现优良的经济体也会受到冲突及其毁灭性经济影响的损害。第二次世界大战（1939~1945年）中，日本、德国，甚或获胜方的例子都证实了这一点。正如美国（1861~1895年）和莫桑比克（1976~1992年）内战中那样，与劳动力、资本、贸易和金融相关的经济因素可以激励、推动、延长和终止冲突。为了战争，需要志愿、雇佣或征募战士，需要生产、购买和销售弹药。在战火消失后，需要重建社区和居民，战后经济发展决定了和平的前景。经济条款和"一战"后和平方案的执行为"二战"的和平协议奠定了基础，而"二战"后的和平协议帮助德国和日本创造了经济奇迹。现在我们知道，同样的逻辑也适用于非洲、亚洲和拉丁美洲的大多数发展中国家。对经济政策的正确设计、执行及其支撑制度能有效阻止暴乱——在社会契约破坏的国家

---

① Kenneth E. Boulding, *The Economics of Peace* (New York: Prentice-Hall, 1945), 4, 73.

中，常伴随犯罪现象。

这卷书是关注受到冲突影响的新兴与发展经济体的宏观经济学读本，当然也包括从发达经济体中所获取的经验教训。当然，经济学家很难定义基本原理。20世纪末，受金融所驱动的世界经济危机就表明了经济理论、政策、规则并不如以往所想的那样正确。基于此，我们使用"入门读本"这个词来表达需要注意的重要经济原理的总体概述，而非具体指南——类似有关总体理解内燃机机理与运作的手册，而非关于如何修理特定发动机的读物。发动机和经济机理类似，能以多种方式毁损，但当恢复时，都需要按照一定的顺序执行相似的一般功能，以使各种要素相互平衡。

和平经济学中，存在"只见树木不见森林"的风险。实践者们往往只关注"树"：他们渴望回答在特定领域出现问题时该如何做。然而，答案部分有赖于期望的好的"森林"应是怎样的。和平经济学可以如生态体系那样去理解，将注意力集中于原理设计而非具体帮助，不仅包括战后重建，也包括冲突预防、和缓，以及构建对冲突的免疫和迅速恢复能力。因此，此入门读本超越了纯经济学范畴，进入到社会重建、契约和资本等更广泛领域，以期帮助实践者建立更强更稳定的和平，亦可将其视为和平工程学。

本书五章内容以非专业的视角解释了关键的概念和关系，给出了重要主题、问题、数据和度量，概括了关键机构的角色和责任，提供了在冲突预防、协商、和平协议与冲突后管理方面的经验。并注重解剖案例或好的实践凸显失策得出结论。此书并不能代替经济学教科书，但其中的理论、经验及案例能帮助实践者应用经济学创建更稳定的和平。

第1章提供了关于冲突与经济绩效的信息，讨论了经济学、经济政策与政治的多侧面目标，检视了冲突与经济发展间的联系。第2章提供了经济增长理论与政策的概述。有时决策者不能意识到增长是实现"生活改善"最终目的的一种手段，而增长本身并非最终目的。[1] 该章讨论了经济绩效是如何度量的，同时也讨论了一些重要的经济制度的目的和政策。第3章从长期转向短期考虑，或用专业术语说，是转向宏观经济稳定理论和政策。实际上这就意味着财政与货币政

---

[1] J. E. Stiglitz, A. Sen and J. – P. Fitoussi, *Report by the Commission on the Measurement of Economic Performance and Social Progress* (Paris: Commission on the Measurement of Economic Performance and Social-Progress, 2009), 可从 www. stiglitz – sen – fitoussi. fr 获得（2011 年 12 月 6 日访问）

策，涉及税收、利率制定，以及这些对其他政策和发展目标的外溢影响。第 4 章从封闭经济转向开放式经济，即转向国际贸易、国际金融理论与政策。第 5 章以对和平谈判者和经济决策者提供有用的条文结束。它将之前的章节联系在一起，并讨论了与和平设计有关的问题，包括社会契约的考虑。

然而已有四条教训浮现。没有经济学也就没有战争与和平，战后经济政策的设计与执行有助于确定和平缔造努力的成功与否。经济政策的正确设计与实行是能在第一时间制止冲突的主要工具之一。最后，关注经济引擎总体的基本机制设计而非特定破损引擎的维修，也就是说，关注目的与设计——有助于冲突后重建和建立对冲突的长期免疫和快速恢复能力。

1 冲突与经济发展

冲突的经济成本：第一印象

世界卫生组织（World Health Organization，WHO）把各种形式的暴力归为三类：自伤（包括自杀）、人际暴力（如亲密伴侣之间的暴力及其他形式的家庭暴力；陌生人实施的强奸、性侵犯，诸如学校、监狱和工作场所等机构设施内发生的暴力），以及集体暴力（如两个及两个以上国家之间、国家内部的武装冲突、镇压及种族屠杀，恐怖行径及有组织犯罪）。总的来看，这些共同构成了暴力的生态演化，即从个人的及有联系人群间的冲突发展到了公共和大规模的冲突。[①]

> 根据世界卫生组织的定义，**自伤**指自我主导的暴力，包括自杀。**人际暴力**（interpersonal violence）包括亲密伴侣暴力及其他家庭暴力、袭击和谋杀，以及发生在机构设施内的暴力。**集体暴力**包括两个及两个以上国家之间、国家内部的武装冲突，公共社会层面上的暴力、暴力恐怖行径，以及有组织犯罪。

> **国内生产总值**是货币价值，是指一个日历年中一国居民合法生产的所有商品和服务的收入。世界生产总值是所有国家国内生产总值之和。

犯罪经济学是一个较为完善的研究领域。近年来，经济学家和定量政治学家也开始关注集体暴力形式。2008 年，联合国开发计划署（United Nations Develop-

---

① World Health Organization (WHO), *World Report on Violence and Health*, ed. E. G. Krug, L. L. Dahlberg, J. A. Mercy, A. B. Zwi and R. Lozano (Geneva: WHO, 2002). 见附录 A。

ment Programme，UNDP）危机预防与恢复局通过收集七个国家战前和战后人均国内生产总值（GDP）的数据，并以通货膨胀和购买力平价（对这些术语的解释，参见第2章）调整数据，研究了这些国家的情况。图1.1使用修正和更新后的数据，比较了这七个国家的经济记录。为便于比较，将一国在其战争结束那一年的GDP设为指数100，由图中纵向的虚线表示。① 对每个国家，图中标出的箭头表示其战争的起始日期。在多数情况下，战争开始前，人均GDP呈增长之势；战争一旦打响或打响不久后，GDP就大幅跌落。而在和平时期，GDP再次开始增长。

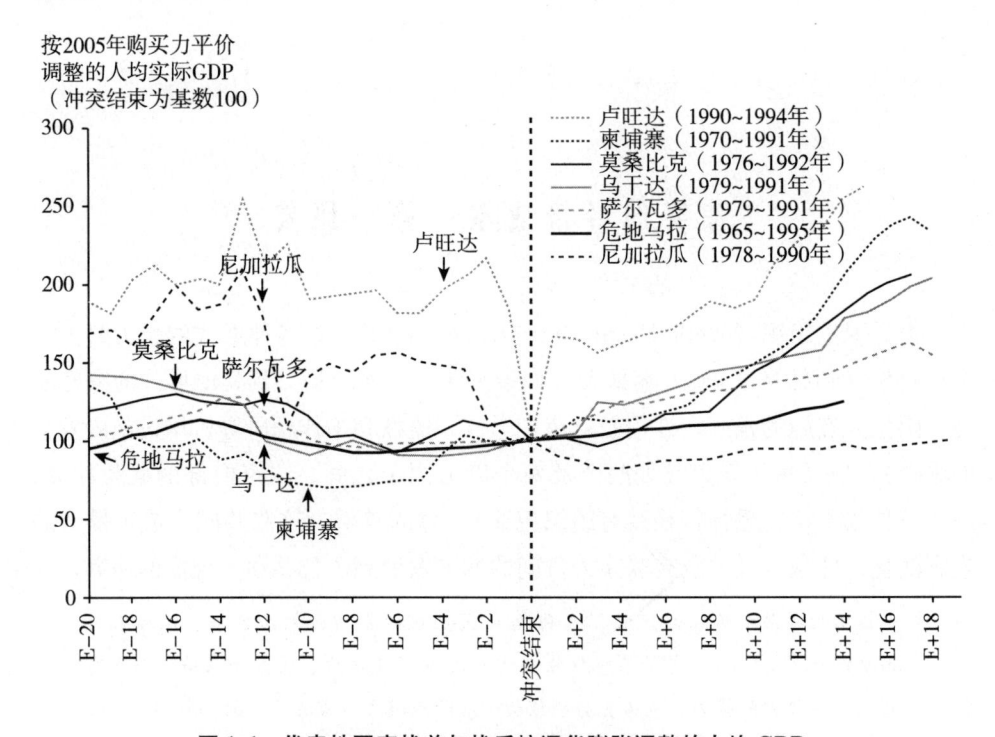

图1.1 代表性国家战前与战后按通货膨胀调整的人均GDP

注：纵轴度量通胀调整后的人均GDP购买力平价（基年为2005年）。数字基于联合国开发计划署（2008年，第111页，图4.2），但作者根据佩恩表7.0（Penn World Table 7.0）数据进行了更新。

资料来源：作者根据佩恩表7.0数据计算。

---

① 战争时期为：柬埔寨，1970~1991年；萨尔瓦多，1979~1991年；危地马拉，1965~1995年；莫桑比克，1976~1992年；尼加拉瓜，1978~1990年；卢旺达，1990~1994年；乌干达，1979~1991年。

萨尔瓦多、危地马拉、尼加拉瓜这三个国家在战后经济增长缓慢，因而被定为是增长恢复力弱的国家；而另外几个国家——柬埔寨、莫桑比克、卢旺达和乌干达，则是增长恢复力强的国家。但正如每个国家的宏观政策都与其他国家不同，它们增长恢复的轨迹也各不相同。卢旺达在1994年后就出现了强劲反弹，但在其后的10年中却经历了两次衰退期。莫桑比克先是在战后的最初几年中缓慢恢复，随即开始较大幅度增长。柬埔寨的人均收入指数在战争期间跌至其战前初始值的一半左右，并在战争结束10年后恢复到30年前的收入水平。尼加拉瓜的人均GDP在战前第13年达到峰值，而战后第19年中的人均GDP仍不足该峰值的一半。萨尔瓦多的平均收入水平在战后略有提高，但战后和平比战争本身更加可怕，据称，战后10年中被杀害的人数比12年冲突期间的受害人数还要多。①

联合国开发计划署的研究报告称，1990年以前，各国在每个冲突年中，内战的经济成本约为GDP的1.7%~3.3%；而在1990年以后，也就是后冷战时期，这一数值平均为GDP的12.3%。② 为表明这些损失的累积效应，图1.2从另

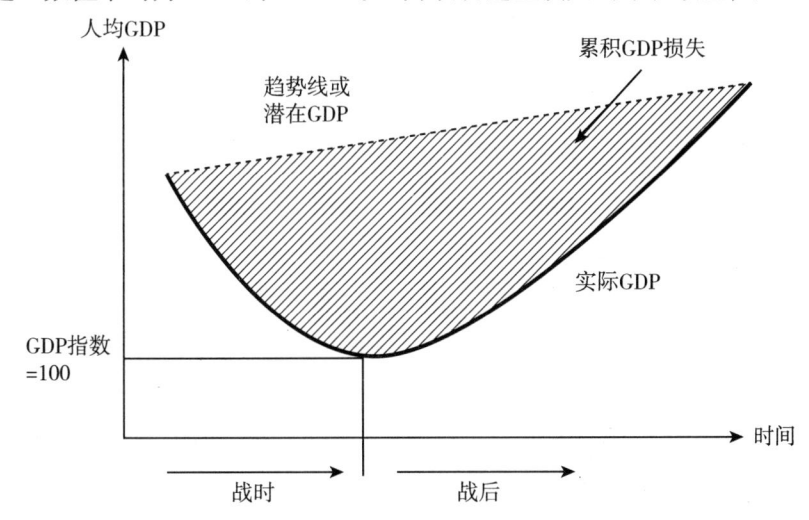

图 1.2　战前与战后平均及潜在人均 GDP

---

① R. J. Stohl, M. Schroeder and D. Smith, *The Small Arms Trade*: *A Beginner's Guide* (Oxford: Oneworld, 2007), 56.

② United Nations Development Programme (UNDP), *Post-Conflict Economic Recovery*: *Enabling Local Ingenuity*, UNDP Bureau for Crisis Prevention and Recovery (New York: UNDP, 2008), 35.

一个角度重新描绘了图1.1，其中加深的黑色曲线表示样本国人均GDP均值在战争期间及战后下降与上升的情况，虚线表示假设不存在战争干扰时GDP的潜在增长路径。斜线标示的区域即表示累积的GDP损失，联合国开发计划署研究涵盖的35年中的损失相当大。

经济学家尚未对如何完全计算甚至是枚举战争全球成本达成一致意见，更不用说计算与战争相关或无关的所有冲突的成本了。我们需要对当期成本、遗留成本和外溢成本进行综合的、一致的计算。① 当期成本是在某一特定时间（如一个日历年）内，特定地理空间（如一国国界之内）中发生的冲突所造成的直接和间接成本。遗留成本包括过去发生的冲突造成的延续至今的成本（如由永久性损伤导致的生产力下降，对伤患人员采取的持续的医疗保健）。外溢成本衡量了强加给非冲突参与者的成本（如A国难民给B国施加了一定成本）。尽管布劳尔（Brauer）、泰培尔-马林（Tepper-Marlin）专门研究了自伤、人际冲突和包括内战及恐怖主义在内的集体暴力的经济成本，② 但目前还无哪一项研究完全涵盖现有文献中的各种估算。据布劳尔和泰培尔-马林的保守推断，如果所有暴力都停止的话，那么2007年世界经济产出的价值，即世界生产总值（GWP）——所有国家的GDP总和，将比其实际值高出8.7个百分点。他们区分了静态效应和动态效应。在静态效应中，冲突的终止被认为释放出了多余的安全性服务，支出由此被转移至其他商品和服务中。但这种替代效应并不会增加GDP，它仅是将支出从一个经济部门重新分配至另一个部门，经济总额并没有变大。然而，当一个人的人身、家庭和财产更安全时，他就会有更多的精力去从事能够增加GDP的生产性投资，布劳尔和泰培尔-马林认为，正是这种非暴力效应使2007年世界总产出提高了8.7个百分点。一项针对哥伦比亚的研究就提供了这样一个例子，生活在受内战威胁地区的农民对于灌溉的投入较少，从而减少了潜在的农业产出

---

① 关于所选文献、科学问题以及在计算冲突成本时所用的标准，参见 C. Bozzoli, T. Bruck and S. Sottsas, "A Survey of the Global Economic Costs of Conflict", *Defense and Peace Economics*, Vol. 21, No. 2 (2010), 165–176; C. Bozzoli, T. Bruck, T. Drautzburg, and S. Sottsas, "Economic Costs of Mass Violent Conflict: Final Report for the Small Arms Survey, Geneva, Switzerland", *Politikberatung Kompakt*. No. 42, Deutsches Institut fur Wirtschaftsforschung (DIW), Berlin, 2008.

② J. Brauer and J. Tepper-Marlin, "Defining Peace Industries and Calculating the Potential Size of a Peace Gross World Product by Country and by Economic Sector", Report for the Institute of Economics and Peace, Sydney, Australia, 2009.

和由此获得的收入。①

由于冲突是一个持续的现象，高达世界生产总值9%的损失代表了每年丧失的经济产出。相比之下，国际货币基金组织（IMF）估计，2009年世界经济危机造成的损失是一次性的，且仅为世界总产出的0.5%。② 如果不是全球范围内显著的政策干预，世界经济危机将会更糟。每年持续发生的暴力危机是一个严重得多的经济问题，它需要获得至少与世界经济危机同等显著的政策关注和干预。

暴力的**当期成本**是在某一特定时间内、特定地理空间中的直接和间接成本。**遗留成本**包括过去发生的暴力造成的延续至今的成本。**外溢成本**是强加给其他无关国家的成本。

静态和平红利是指从冲突相关支出到非冲突相关支出的经济活动再分配。**动态和平红利**则是当安全性支出得以被削减，并被投入到能够提高生产力的物质资本、人力资本、制度资本和社会资本中时而产生的。

资产、收入与浴缸原理

经济学的目的

为了生存和繁衍后代，所有人类和非人类生物都必须进行生产、分配与消费。虽然不同物种的行为细节各有差别，但其本质都体现了充分的经济性，生物学家也经常将关于（能量）成本和（再生产性）收益的经济思想用于他们所研究的生物。其他物种为了生存展开无休止的斗争，然而人类被赋予了设计生产、分配和消费机制的能力，原则上，这使我们的生活条件不断改善。交易的普及化是人类经济体系中的标志性成果之一。对非人类生物，每个种群有其专长。而对人类，种群中的每个个体似乎都在获取有用技能方面有其专攻，他们以自己的产品与其他个人专业化生产的产品进行相互交换。

---

① A. Dinar and A. Keck, "Private Irrigation Investment in Colombia: Effects of Violence, Macroeconomic Policy, and Environmental Conditions", *Agricultural Economics*, Vol. 16, No. 1 (1997), 1 - 15.

② International Monetary Fund (IMF), *World Economic Outlook* (Washington, DC: IMF, April 2011).

三大经济

由于交易的重要性，长期以来经济学家一直专注于交换经济的研究。交换意味着同意商品和服务交易时的比率——不论是一个苹果或两个苹果换一个橘子，还是一小时或两小时的工作换 15 美元。这一比率可能会引发冲突，因为它指定了每一商品或服务的价值，而这将影响分配和消费，从而影响物质福利。但是，一般来说，交换经济是和平经济，反之亦然。① 由于战争破坏了贸易路线，摧毁了贸易设施，例如道路和港口等，所以恢复和促进内部及外部贸易，加强所需的基础设施，对战后复兴来说非常重要。我们将在本章的后一部分探讨基础设施的重建。

> *经济*涉及生活中的生产、分配和消费，其目的是不断改善生活。三种经济分别是交换经济、资助经济和占用经济。

第二种经济是资助经济。资助将资源从一个潜在使用者那里转移给另一个使用者，使得资助经济包含于交换经济之中。如父母把财富分给子女，人们向慈善机构捐款，侨民将收入汇款给家人，一国政府对另一国政府施以援助，多边发展银行以优惠利率提供贷款。在所有这些情况下，尽管我们最好假设捐助者有自己的理由，他们或许期望能在未来得到回报——进行经济资源的捐助通常是不考虑即期互惠效应的。对于正式和非正式资助经济的规模，还无人度量出一个令人信服的结果，但这一规模很可能是巨大的；即便国外援助的一般效力一直受到质疑，但学术文献认为，持续的战后资助对于帮助受暴力困扰的国家是必要且有效的。②

第三种经济是占用经济。同样，它不存在直接的交换。但不同的是，交换经济和资助经济分别建立在自愿相互交换和自愿单方面给予的基础上，而占用经济则是建立在非自愿的夺取上，也即强迫。虽然税收旨在用于有利于纳税人的公共物品和服务上，但税收本身却是一种强迫，因为它是在不支付就要受到处罚的威胁下收取的。用枪对着别人进行抢劫则是一种纯粹的占用。在这两者之间还有黑

---

① 参见 S. W. Polachek, "How Trade Affects International Transactions", *The Economics of Peace and Security Journal*, Vol. 2, No. 2 (2007), 60–68, 以及其中引用的文献。

② UNDP, *Post-Conflict Economic Recovery*; World Bank, *World Development Report*: *Conflict, Security, and Development* (Washington, DC: World Bank, 2011).

手党类型和贪污成风的经济现象；尽管交换得以维持，例如，行贿以获取营业执照或交易许可证，但这无疑是一种强迫交易。交换能激励生产，而威胁则抑制生产；用一种过于简化的说法来形容就是，如果交换和资助是以爱为基础，那么占用经济则是以恐惧为基础。[①] 恐惧经济是战争和犯罪之前、之中、之后行为的关键驱动因素，从而突出了需要在社区和社会之内与之间建立可信且可强制执行社会契约的必要性。

生产可能性

生产可能性边界表示给定当前劳动力、资本和其他生产要素的可获得水平时，能够生产的商品和服务的最大可能水平。

在交换经济中，生产可能性边界（PPF）给出了经济体生产能力及其消费可能性的可视性表示形式。为简单起见，我们把一个经济体中所有的可实现产出划归为两类——民品（"黄油"）和军品（"大炮"）。在图1.3（a）中，生产可能性边界与纵轴的交点表示一切社会资源都用于有效生产民品而不生产军品的情况，生产可能性边界与横轴的交点则表示只生产军品的情况。在现实中，大多数社会既生产民品又生产军品，如果这两种商品的生产都是有效的，那么这种情况可由A点描述（低效生产由生产可能性曲线以下的点表示）。经济学家承认，为了国防生产一定的军品是必要的。但这要以民品产出的降低为代价，正如图1.3（a）中A点向B点的移动。这种移动可能发生在冲突加剧时期，此时军事支出增加，资源被转移到军品和服务的生产中。图1.3（b）描述了战争爆发后发生的情况，人们受伤或死亡，物质资本——建筑、海港、其他设备，被损坏或摧毁；社会的整体生产能力收缩，整条生产可能性边界向内移动，向原点靠近，因此可达到的最高生产点和消费点比以前低。受暴力折磨国家的GDP就是这样下降的。

[①] 亚当·斯密（Adam Smith）关于经济学中自爱的表述：我们并非期盼的晚餐不来自于屠夫、酿酒师或面包师的仁慈，而是来自他们考虑到的自身利益。我们着眼于他们的自爱，而非他们的人道主义；永远不要跟他们谈论我们的紧迫性，而要谈他们自己的利益。除了乞丐，没人选择主要依赖于别人的仁慈。参见 A. Smith, An Inquiry into the Nature and Causes of the Wealth of Nations, book 1, chapter 2, paragraph 1.2.2, http://www.econlib.org/library/classics. 肯尼思·博尔丁（Kenneth Boulding, 1973）写了爱和恐惧的经济学。他提到了三个系统：交换系统、威胁系统及综合系统。对威胁的反应可以是屈服、蔑视、反威胁、斗争，或者是威胁者和被威胁者相结合，比如说，当它们之间建立起共性且该共性取代了威胁的时候。在博尔丁看来，不论赠与是出于爱还是出于恐惧，都是一种单向的转移。参见 K. E. Boulding, *The Economics of Love and Fear: A Preface to Grants Economics* (Belmont, CA: Wadsworth, 1973).

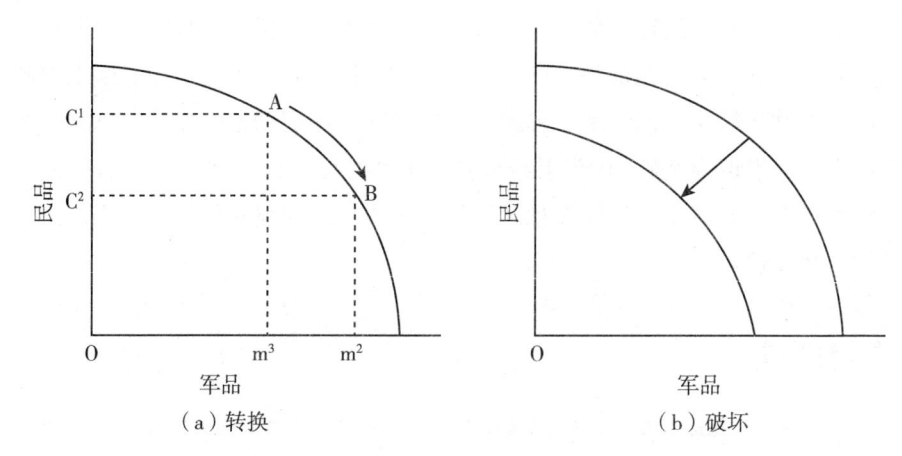

图 1.3 民品和军品的生产可能性边界

资料来源：Anderson and Carter（2009）.

浴缸原理

浴缸原理：流入浴缸的水代表生产，流出浴缸的水代表消费。当生产的流入量超过消费的流出量时，可获得的商品的存量就会增加；相反，当消费超过生产，这一存量就会减少。

正如消费取决于生产，生产反过来又取决于实现生产的资产。浴缸原理对这一观点给出了解释，它指出"积累的速率等于生产的速率减去消费的速率"。[①] 流入浴缸的水代表生产，通过排水管流出的水代表消费。如果生产大于消费，浴缸中的水就会逐渐积累，代表储蓄。这种储蓄就是资产，是价值的存量。在战争等危机时期，由于生产下降，人们不得不将一部分存量用于维持通常的消费水平——屠宰耕牛或吃掉下一播种季节所需的种子。因此，一个可行的复兴战略必须强调资产的重建，也就是说，要再次使生产超过消费。不管怎样，水龙头需要重新打开。

资产和收入

如同生产一样，收入也以潜在的资产或资本为基础，而且也要从资产或资本

---

① Boulding, *Economics of Peace*, V.

中获得。没有肥沃的耕地农民就无法取得收入，没有医疗用品医生就不能治病救人，没有工具工匠就难以做工。资产可以指物质资本，如机械、设备或者是能用的物质设施等。地球的自然资本包括可用于生产的原材料，它们有的是可再生的，有的则不是。资产还包括人力资本：人的才华、创造力、技能、培训、教育、知识和经验。

资产：社会需要资产以进行商品和服务的生产。这些资产包括自然资本、物质资本、人力资本以及社会资本或制度资本。**资产剥离**指的是资本存量的消耗，这是为了满足当前的消费需求，却也由此削减了未来的社会生产能力。

除了物质资本和人力资本，学者们提出了一个至今仍存在争议的概念——社会资本。对这一概念既无公认的定义，也无公认的衡量标准。不管怎样，该术语大致是指由人类建立的社会和社区网络构成的经济资产。虽然它常被用在解释的语境中，如解释公民参与的价值或移民群体为自己建立的支持网络，但这个概念也以更为有形的方式出现。钞票或许是物质性对象，但它们的功能却完全依赖于陌生人之间进行商品和服务交换时接受一丁点彩纸作为支付的相互信任的网络。社会资本也是一种成果的积累，它一旦被破坏，就很难重建。信任一旦被打破，就可能导致经济活动和贸易的完全停滞。

社会资本：由人类建立的社会和社区网络构成的经济资产。

资产的数量和质量决定了人们的产出和生产率，从而决定了其收入。正如著名经济学家肯尼斯·博尔丁（Kenneth Boulding）所说的那样，"从本质上讲，重建的经济问题即是社会资本的重建"。① 当然，很多贫困的社会本来就没有什么要重建的，因此白手起家建设资本或资产基础成为和重建一样的任务。然而，令人遗憾的是，决策者往往优先考虑收入而非资产建设，这意味着这些收入可能来自于进一步消耗剩余资产。我们必须避免依靠这种被称作资产剥离的策略。例如，为了创收，一个农村家庭可能决定屠宰耕牛，出售牛肉、皮革及其他有用部分。通过消耗资产，这个家庭取得了收入，但它将会更加贫穷。如果事关生存问题，这种做法是可以理解的，但最终这将是个走向毁灭而非发展的策略。

---

① Boulding, *Economics of Peace*, 4.

和平经济学

宏观经济政策与政治

宏观经济的目标

14

宏观经济的目标是低通货膨胀率、低失业率、平缓的商业周期、可持续的发展性增长、政治管辖内的政策协调。

宏观经济的五大目标是：投入、产出和资产价格的低通货膨胀率；低失业率与资本利用的高效；平稳而非不稳定的商业周期；持续且可持续的人类发展与经济增长，[1] 以及不同政治管辖之间的经济政策协调。前两个目标不言自明，会被度量问题所干扰。即使在和平时期，很多发展中国家都难以提供充分的数据收集和统计工作来度量正规和非正规劳动力市场（如人口增长率、入学率、劳动力参与率、童工）、生活必需品和金融资本的价格（如食品和能源成本，土地、财产和房屋价值），以及一国国内与跨国金融资本流动情况的各个方面。战争会阻碍这些指标的度量，甚至会摧毁一个国家的度量能力，这就需要在战后重新建设指向明确、重点突出的能力。可悲的是，经济理论和许多经济实践者往往简单地认为，提供这种度量的制度功能齐全，但在实践中却并非如此。

经济政策和理念

政策是在一个特定问题领域内需要被遵循的一系列规则、指导和准则。理想

---

[1] 舒马赫（E. F. Schumacher）提到了满足或佛教经济学，这一概念是说生活的满意度很可能来源于需要非物质投入而非物质消费的乐趣。参见 E. F. Schumacher, *Small Is Beautiful: Economics As If People Mattered* (New York: Harper & Row, 1973); 也可参见 Stiglitz, Sen and Fitoussi, Report。同样地，肯尼斯·博尔丁是生态经济学的开创者，这一经济学将地球视为一个封闭的物理系统，其中物质生产吸收有限的自然资源（投入）并把它们转化成废弃物（产出）。这种观点认为，衡量物质生产和消费的货币价值的那一部分 GDP 仅仅是生产量而已。要想不断提高物质生产量，就需要有持续的物质投入，相应地也会不断产生物质废弃物，从物理角度来说，这是不可能在一个封闭系统中实现的。因此，由 GDP 增量来衡量的经济增长必须与原材料的使用及废弃处置保持一致，以便使地球的物理系统保持完整。从人类系统的角度来说，经济增长必须对暴力敏感；但同样，从生态系统的角度来说，经济增长必须对资源敏感。参见 K. E. Boulding, *Ecological Economics* (Beverly Hills, CA: Sage Publications, 1981)。

情况下，政府的政策是始终如一且相互协调的，这样，诸多政策执行机构就能朝着一个共同的目标努力。但实际中，政策经常不能得到很好地协调；即使政策是协调的，也不会被很好地执行，国内外的既得利益者们企图影响政策以实现自己的目的。

政策是在一个特定问题领域内需要被遵循的一系列规则、指导和准则。**经济增长政策**主要关注生产率的增长、长期生产机会、收入的产生，较少关注分配和消费，它更侧重于组成上的以及定量的特征。相反，**经济发展政策**更注重经济的质量和公平方面，例如农村的发展，妇女、儿童和老人的福利，少数或弱势群体。它可能包括对个人幸福、群体活力和复原能力的措施。

经济增长政策并没有不关注资产本身的增长，而是更多地关注资产生产率的增长以及伴随的收入产生。它涉及了很多互不相关的政策领域，如产权、土地改革、教育政策、商业监管、贸易和税收政策，因为这些方面都能促进或阻碍资产的重建和收入的产生。国际金融组织（IFO）或多边发展银行（MLDB），如国际货币基金组织（IMF）和世界银行集团（WBG）等，经常颁布某项特定的增长政策，例如，为了放开商业监管、开放市场使之面向全球竞争、减少政府的税收和支出。然而，增长问题不能长期脱离分配问题，也就是说，有多少人在自己的生活中切实感受到了经济增长带来的利益。建立在广泛基础上的经济发展政策不同于经济增长政策，它包含了城市和农村发展、健康、教育和个人安全，对妇女、儿童、老人和其他弱势群体的关注，有些还包括对个人幸福、群体活力和复原能力的措施。① 由于增长为发展目标提供了资助，它不能被忽视。

宏观经济框架

一国应采取什么样的宏观经济框架来实现其经济增长和发展目标是常有争议

---

① 关于经济和幸福的理论性及实证性研究非常之多。对各类文献（或许令人吃惊）的回顾，参见 B. Bernanke, "The Economics of Happiness", commencement speech at the University of South Carolina, Columbia, SC, May 8, 2010, 可从 http://www.federalreserve.gov/newsevents/speech/bernanke20100508a.htm 获得（2011 年 12 月 6 日访问）。经济合作与发展组织（OECD）正在倡导全球共同努力，收集、处理并分析度量福利的替代性措施，以期将其引入到政策制定中。也可参见 D. Bok, *The Politics of Happiness: What Government Can Learn from the New Research on Well-Being* (Princeton, NJ: Princeton University Press, 2010)；另外，关于经济（错误的）度量，参见 Stiglitz, Sen and Fitoussi, *Reporst*。

的。宏观经济是一个充满争议的领域，不仅对于学者们如此，对决策者们来说也是如此，他们争权斗势，以实现自己愿景中的经济掌控方式。在问题出现时意识到解决问题的需要，宏观经济稳定包含实现可持续的发展性增长的微妙活动。没有发展的增长是危险的，没有增长的发展是虚幻的。这两者都必须被掌控在生态约束的参数范围内。图1.4说明了我们的观点。短期经济稳定可被看做是阻止经济之船倾覆所需要的手段——尽管如果需要持续维持稳定，那么有可能是因为长期经济的指南针正不断引导着经济进入最近的风暴。就增长而言，耗费资产来获取现有收入，正如过度依赖开采矿产取得财富，并不是长期发展成功的方法。这会使一国在面对世界市场商品价格波动时变得极其脆弱，从而需要过于频繁的短期调整，也使发展与生活改善更难实现。

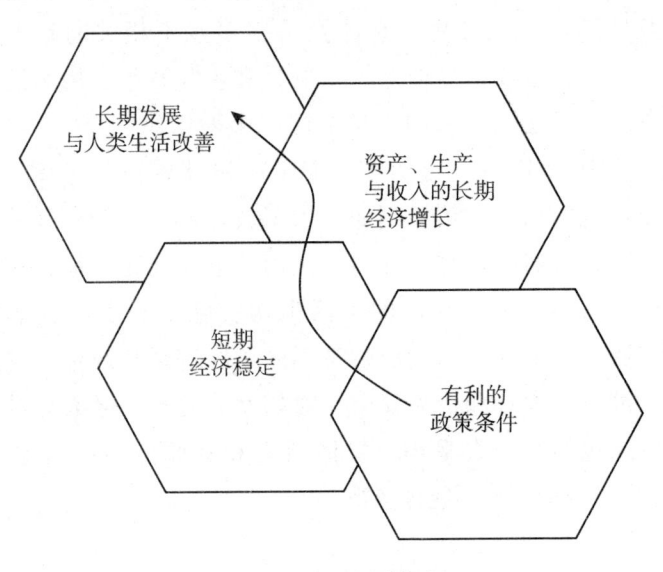

图1.4 宏观经济框架

因此，需要一系列有利的政策条件，以及能够评判政策条件、经济稳定性、经济增长以及人类发展成败的标准。有利的条件——经常在战争中被破坏，指的是，例如运作良好的、透明的政策制定和政策执行机构，训练有素且负责任的官员，还有可预测的监管框架。由于经济学本身并非终点，而是用于实现目标的一种工具，因此标准必须与目标有关，例如安全的生活、合宜的工作、充足的收入、生态可持续发展以及正义与人权。在设计和执行过程中，我们需要根据这些

更为宏大的目标对宏观经济政策进行评估乃至审查。①

可持续发展增长表明，没有发展的增长是危险的，没有增长的发展是虚幻的。增长必须服务于发展目标，并在生态上是可持续的。有利的政策条件包括良好的运作、透明的政策制定和政策执行机构，训练有素且负责任的官员以及一个可预测的监管框架。

冲突、经济发展和全球公共政策

2000年9月8日，联合国大会（UNGA）通过了"联合国千年宣言"，②该宣言中的一部分被纳入2015年之前要实现的千年发展目标（MDG）中（见表1.1）。可悲的是，尽管该决议突出强调了和平、安全和裁军，但千年发展目标本身完全没有认识到战争和暴力对贫困及其他千年发展目标的影响，这些反映了缺乏对只要暴力存在就不会有发展的理解。直到2009年8月，联合国大会才承认，在这八条千年发展目标中，几乎每一条的实现都要依赖于暴力的减少或终止。

表1.1	千年发展目标
1. 消灭极端贫穷和饥饿	
2. 实现普及初等教育	
3. 促进两性平等并赋予妇女权力	
4. 降低儿童死亡率	
5. 改善产妇保健	
6. 对抗艾滋病毒/艾滋病、疟疾及其他疾病	
7. 确保环境的可持续能力	
8. 全球合作促进繁荣	

资料来源：United Nation, The Millennium Development Goals Report 2009 (New York: United Nations, 2009).

---

① 关于宏观经济与人权，参见 R. Balakrishnan, D. Elson and R. Patel, *Rethinking Macro Economic Strategies from a Human Rights Perspective*, Marymount Manhattan College, 2009, 可从 http://www.networkideas.org/featart/mar2009/MES2.pdf 获得（2011年12月6日访问）。

② 参见 United Nations Millennium Declaration, UN A/Res/55/2, September 18, 2000, http://www.un.org/millennium/declaration/ares552e.pdf（2011年12月6日访问）。

虽然千年发展目标没有明确体现出武装暴力和发展之间的关系，但这些目标为发展机构提供了思考的切入点。诸如减少贫困、确保产妇健康、促进教育等目标都与有效的武装暴力预防及减少措施有关。不管怎样……千年发展目标中并没有哪一条是专门针对冲突、暴力和不安全的。

世界银行编写的2011年世界发展报告指出，没有一个受暴力困扰的低收入国家实现了这八条目标中的任何一条。① 以埃塞俄比亚为例，图1.5使用佩恩表提供的GDP数据并将其按通货膨胀率、人口增长率以及购买力平价进行了调整，表明1950~1974年GDP是稳步上升的。按国际美元或购买力平价美元（I $）衡量，埃塞俄比亚的人均GDP在1950年时为279国际美元，1974年时为473国际美元，这25年间增长了近70%，或者说每年的人均值增长了2.8%。1974年，埃塞俄比亚爆发了革命。1977年，该国与索马里在欧加登地区发生战争。20世纪80年代初，该国又遭遇了几次严重的饥荒，这在某种程度上是由追求恶性经济政策的残酷压榨性政权所导致的。在90年代前期至中期，竞争激烈的选举开始了，提格雷和厄立特里亚的长期分裂主义运动引发了更多的暴力。厄立特里亚于1993年获得独立，但它在1998年与埃塞俄比亚发生了一次边界战争，而且直到2000年才有了名义上的了结。

按通货膨胀、人口与购买力平价调整后的人均GDP
（国际美元，基年为2005年）

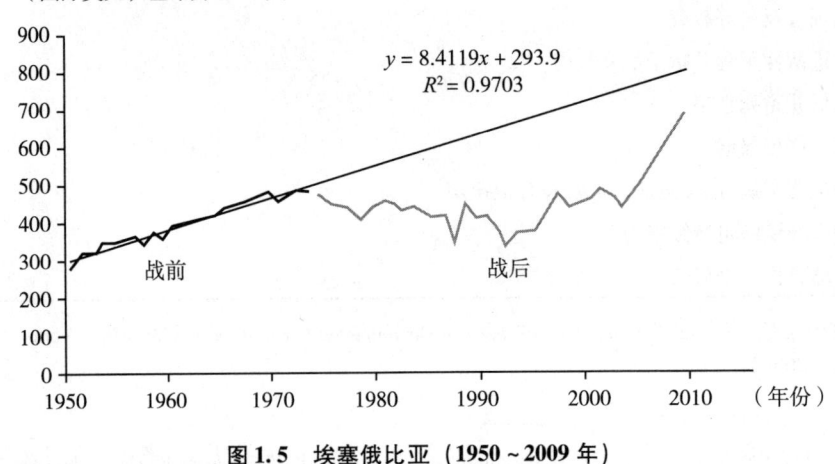

$y = 8.4119x + 293.9$
$R^2 = 0.9703$

战前　　战后

图1.5　埃塞俄比亚（1950~2009年）

资料来源：Penn World Table 7.

---

① World Bank, *World Development Report* 2011, xi, 1, 5, 63.

图 1.5 反映了埃塞俄比亚动荡和冲突历程造成的经济后果。从 1975 年到 2004 年的 30 年间，人均经济产出完全停滞。如果埃塞俄比亚仍以 1950～1974 年的速率增长——在图中以线性趋势线表示，那么 2009 年其平均产出将会达到 800 国际美元，而不是实际的 684 国际美元，而达到 684 国际美元的水平也仅是由于过去 5 年内的井喷式增长。和图 1.2 一样，趋势线和实际 GDP 曲线之间的区域表示产出累积损失的规模：7721 国际美元，相当于 2009 年收入的 11 倍。

国际美元：一个使不同国家货币购买力具有可比性的人工度量。

尼加拉瓜提供了一个更为惊人的例子（见图 1.6）。我们仍以国际美元来衡量，该国的人均产出从 1950 年的 1948 国际美元增至 1977 年的 4554 国际美元，平均每年增长 4.8%，尽管该国处于压制性政治体制之下，但它取得了显著的成就。一个长期运作的革命团体最终在 1978 年开始发力，并于 1979 年掌权，这激发了一场与美国之间的未声明的代理人战争，其中涉及海港开采、武器走私，以及美国政府不顾国会意愿而对反革命分子的秘密支持。直到 1990 年，尼加拉瓜举行多党派选举，革命党派选举失败，内战才结束。如图 1.6 所示，截至 1990 年，经济已彻底崩溃，导致 2009 年的人均产出仅为 2192 国际美元——几乎与 1951 年的 2148 国际美元相当。趋势线表明，在没有冲突的情况下，截至 2009 年，人均产出将接近 7000 国际美元。换句话说，在 1950～2009 年的 50 年间，

按通货膨胀、人口与购买力平价调整后的人均GDP（国际美元，基年为2005年）

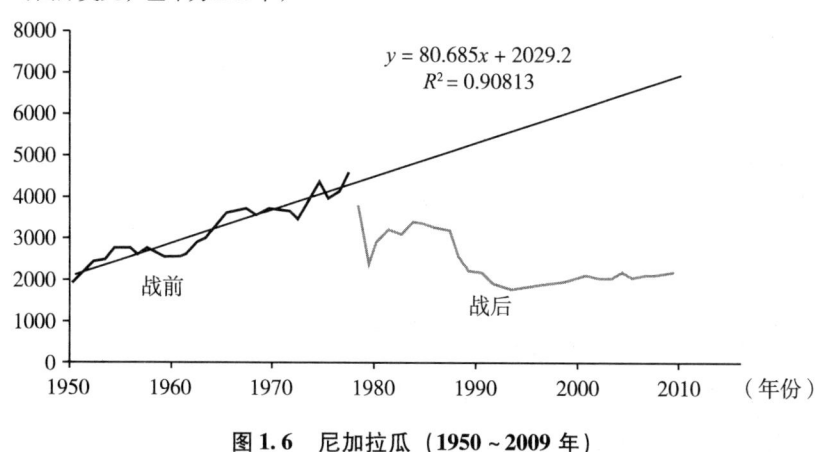

$y = 80.685x + 2029.2$
$R^2 = 0.90813$

图 1.6 尼加拉瓜（1950～2009 年）

资料来源：Penn World Table 7.

尼加拉瓜的经济根本没有增长。究其原因，这种长期的即使在1990年多方选举后仍持续的经济停滞与缺乏支持的政治框架条件有关。前总统阿诺尔多·阿莱曼（Arnoldo Alemán，1996~2001年）因犯有贪污、洗钱、腐败等罪行被判处20年有期徒刑，随后与其属于同一政治党派的恩里克·博拉尼奥斯（Enrique Bolaños，2001~2006年）继任。2006年，前反政府领导人丹尼尔·奥尔特加（Daniel Ortega）被选为该国总统。

以多米尼加共和国为例（见图1.7），与战争无关的凶杀也会给经济体带来重创。同样，调整了通货膨胀和购买力后的人均GDP数据来自于佩恩表第7版。图中的黑线显示，产出从1951年（1950年的数据无法获取）的1820国际美元变为2009年的9911国际美元，增长平稳，且平均每年的人均产出增长率为7.5%——这是一个令人瞩目的成就，几乎与近年来印度和中国的经济增长速度持平。然而，联合国毒品和犯罪办公室的一项研究估计，自1975年以来，如果多米尼加共和国的凶杀率能够降低一半，也就是从每10万人超过16起，降至哥斯达黎加凶杀率的水平——每10万人约8起，那么人均经济增长率每年将增加额外的1.7个百分点。[①] 根据这一统计信息，图1.7中的黑粗线描绘了多米尼加

图1.7 多米尼加共和国（1950~2009年）

资料来源：Penn World Table 7.

---

① United Nations Office on Drugs and Crime（UNODC），*Crime, Violence, and Development: Trends, Costs, and Policy Options in the Caribbean*，report No. 37820（New York：UNODC，2007）.

共和国每年本可以实现的假设的人均GDP水平。它表明，截至2009年，平均产出原本可以达到16456国际美元左右，而不是实际的约10000国际美元，两者相差了60%。

世界银行恰当地总结道，"暴力是发展的一个主要障碍。"① 对发展来说，暴力预防，至少是暴力减缓以及暴力结束后稳定的社会契约的重建，都是必不可少的条件：再次重申上述观点，没有和平就没有发展。同样地，缺乏发展甚至是缺乏发展的希望，是暴力的主要诱因。因此，合理的宏观经济框架和政策取向是降低暴力发生率所需的政策组合的一个重要成分。

然而，暴力很少渗透到整个社会。通常情况下，它是高度本土化的，它对一些城市街区或一些地区、省份有着持续的影响，而不会影响其他的一些区域。但是，暴力也能从一个地方转移到另一个地方，这有时是对政策行动做出的反应。众所周知，21世纪前10年间，哥伦比亚与毒品有关的暴力大为减少，这在某种程度上是因为该国政府的和衷共济以及海外援助，使得贩毒团伙认为转移到墨西哥更为合适。在此一个公认的事实是，墨西哥政府的对策导致了自2006年起的暴力爆发，这使得萨尔瓦多、危地马拉、洪都拉斯——也即法律和秩序系统薄弱的国家，纷纷出现了毒品贩卖基地。此外，"从1998年到2005年，美国将近46000名重罪犯以及160000名非法移民驱逐到了中美洲"，想必也给非法毒品交易招募提供了大量的人力。② 这展现了在经济上简单但在发展上高度相关的替代效应，只有相互协调的全球公共政策，才能最终解决这种替代效应。

多种多样的经济研究文献表明，有关暴力的消息会使得外国直接投资（FDI）和游客逃离，即便是对企业、供应商、员工和客户的经营和生活来说都非常安全的地区。正如俗语所说，一个烂苹果会毁掉整桶苹果。为了缓解这一问题，相关人员需要搜集并提供更多关于暴力地点、程度及其给外界造成的实际（而非假想）损害的精确信息。有了地理信息系统（GIS）和实时映射系统的帮

---

① 参见 World Bank Conflict, Crime, and Violence Team, "Making Societies More Resilient to Violence: A Conceptual Framework for the Conflict, Crime and Violence Agenda", World Bank, Washington, DC, http://siteresources.world-bank.org/EXTCPR/Resources/CCV_ Framework_ Note. pdf.

② World Bank, *World Development Report* 2011, 78.

助，这并不是那么难以实现。①

失败与成功：两个案例研究

失败：萨尔瓦多

1979 年，萨尔瓦多陷入了旷日持久的内战，直到 1991 年这场战争才结束。由于成千上万的居民死亡，更多的人逃离，该国的人口数量下降幅度较大，这一情况与 70 年代柬埔寨在红色高棉政权残酷管制下的遭遇类似。内战结束后，萨尔瓦多的暴力和不安全并未随之终止。实际人均 GDP（以国际美元衡量）仅在最初几年间出现了短暂的复苏（见图 1.8）。世界银行的一份国家简报报告称，2006 年，该国每 10 万人中就发生 55 起凶杀案，而且其帮派文化威胁着学校的安全，降低了财产价值，减少了社会资本，使工作和公共交通出行变得不安全，

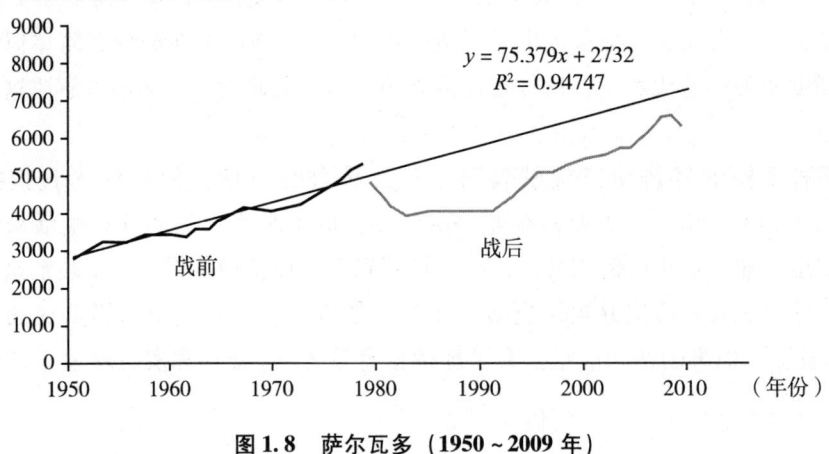

按通货膨胀、人口与购买力平价调整后的人均GDP（国际美元，基年为2005年）

$y = 75.379x + 2732$
$R^2 = 0.94747$

战前　战后

图 1.8　萨尔瓦多（1950~2009 年）

资料来源：Penn World Table 7.

---

① 早期关于 GIS 和暴力的研究见 T. Owen and O. Slaymaker, "Toward Modelling Regionally Specific Human Security Using GIS: Case Study Cambodia", *Ambio*, Vol. 34, No. 6 (2005), 445 – 49, S. Spittaels and F. Hilgert, "Are Congo's Mines the Main Target of the Armed Groups on Its Soil?" *The Economics of Peace and Security Journal*, Vol. 4, No. 1 (2009), 55 – 61.

还给该国形成了不利于吸引外国直接投资的负面形象。①

2005年,联合国开发计划署的一项在国外不太知名的西班牙语研究总结道,暴力和不安全的经济成本高达2003年GDP的11.5%。这些成本包括医疗部门的费用、工作场所中旷工和生产力的损失,以及法律费用。这些损失超过了健康和教育部门开支总和的两倍。从1993年到1997年,凶杀率超过每10万人100起;到了21世纪初期,凶杀率下降到一个相当稳定但仍高得出奇的水平——每10万人60起。世界卫生组织认为,每10万人中发生10起以上凶杀案的比率较为普遍。与其他形式的暴力一样,凶杀性暴力主要影响年轻男性,而且每天的发生率以及在一国内部不同地区的发生率都不相同,2003年,萨尔瓦多15个行政区的凶杀率从每10万人10.4起到每10万人54.2起不等,凶杀率与以枪支为凶器的凶杀案之间的相关性非常高。这一发现同样适用于其他国家。

普通凶杀——有预谋的或是出于突然的愤怒,不过是暴力的形式之一,而且在2003年,其数量仅占所有公布出的针对财产和人身的犯罪案件的7.2%。萨尔瓦多每10万人中的车祸致死率在拉丁美洲乃至全世界国家中也是最高的之一,家庭内部暴力及性暴力水平同样很高。所有这些都表明,建设性的或至少是非破坏性的社会行为——作为社会资本和社会契约的一个例子,在制度和社会能力丧失的情况下都已经衰退了,有罪不罚的文化风气渐长,随之而来的便是不安全及其导致的经济活力和生产能力的下降。2001年,一份关于拉丁美洲商业障碍的调研显示,在犯罪和有组织犯罪两项中萨尔瓦多得到了最多的差评,而这两项恰恰也是该调研列出的11项商业障碍中最为严重的两项。对于该国各种小型及大型企业的调查表明,犯罪导致企业倒闭与投资不足。微型企业并未受到影响,这意味着正规经济活动转移到了非正规部门。因此,暴力文化的累积效应会降低政府税收,尽管它会增加公共支出。

萨尔瓦多的案例阐释了很多或是未被理解或是未被运用的经验教训。比起现实中可能偶然发生的经济危机,其暴力危机是更为严重的经济问题。资产,特别是社会资本,还未得到重建。贸易在很大程度上被迫转入非正规经济中。另外,必须注意的是,当和平到来时,非正规市场也未被打掉,它拆散了农民、手工业

---

① World Bank, "El Salvador Country Brief", http://web.worldbank.org/WBSITE/EXTERNAL/COUNTRIES/LACEXT/ELSALVADOREXTN/O., menuPK: 295253-pagePK: 141132 ~ piPK: 141107 ~ theSitePK: 295244, 00.html.

者、小商贩和终端用户的运作良好的网络。但萨尔瓦多的案例中却出现了相反的情况：现有的正规市场消失，转向地下营运。帮助该国重建国家和社会机构，并提供受过培训或在薪人员的外国援助无论是在幅度上还是在持续力度上都没有如期展开，这一点直到近期才在世界银行编写的 2011 年世界发展报告中被认识到。① 发展的匮乏也激发了各种形式的暴力，形成了暴力与不发展之间的恶性循环。尽管我们很难明确定义成功与失败，但毫无疑问的是，萨尔瓦多并不是内战结束后出现持久和平的成功案例。

不同的成功：马来西亚和新加坡

把马来西亚和新加坡归入到受冲突影响国家的框架下或许有些令人诧异。但这两个现在看起来可谓成功的经济体和政治体——特别是新加坡，并非注定的。新加坡曾被英国当做贸易中转站，随后在 1824 年沦为英国殖民地。"二战"期间，与众多曾被作为英国输出港的东南亚地区一样，新加坡被日军占领。虽然暹罗（泰国）在名义上保持独立，但法国掌握了湄公河沿岸老挝、柬埔寨、越南（法属印度支那）等国的殖民权，荷兰人在印度尼西亚驻扎下来，把它们当作自己的领土。葡萄牙在该地区的势力范围较小，从印度的果阿到中国澳门和印度尼西亚的东帝汶。更为严重的是菲律宾群岛，先是西班牙殖民地，后又成为美国殖民地。总而言之，东南亚及近海岛屿历经了广泛、严重而持久的暴力，是极为动荡的地区。

1946 年，英国再次将马来亚半岛除新加坡以外的地区合并为马来亚联邦。1948 年，马来亚联邦更名为马来亚联合邦，并在 1957 年成为一个主权国家。虽然较为落后，但新加坡首先在 1959 年成为英联邦内的自治政府，随后在 1963 年脱离英国统治，获得了完全的独立。紧接着，新加坡以及沙巴、砂拉越与马来亚结合，成为马来亚联邦的一部分。但在 1965 年，新加坡在仅仅两年之后就被驱逐出联邦，今天的一系列主权国出现了，其中新加坡是以独立的岛屿城市国家存在，马来西亚则由马来半岛和马来西亚婆罗洲构成。

近年来，该地区因印度尼西亚的动乱——东帝汶和亚齐省的暴力，以及 1997 年亚洲金融危机后印度尼西亚的政治崩溃及其后的复苏，以及菲律宾南部

---

① World Bank, *World Development Report* 2011.

岛屿的革命运动而备受关注。但马来西亚有其不确定成分，菲律宾依然坚持索要沙巴这一领土。印度尼西亚从来都不愿婆罗洲大部分领土掌握在外国人手中，1963~1966年，它与马来西亚卷入了政治和武装对抗，而且直到印度尼西亚的苏哈托在政变中推翻苏加诺并掌权后才结束。在马来西亚半岛，马来人、中国人及其他文化语言差异较大群体之间存在着民族关系紧张的问题。此外，20世纪50年代"二战"之后，英国人所称的"马来西亚紧急状态"或抗英民族解放战争，最终以马来西亚的独立宣告结束，这一战争主要受到了马克思列宁主义的激发。虽然在1960年被击败了，但1968~1989年，一场复苏运动在该半岛上特别是在北部地区活跃起来，获得了政府的关注和资源投入。

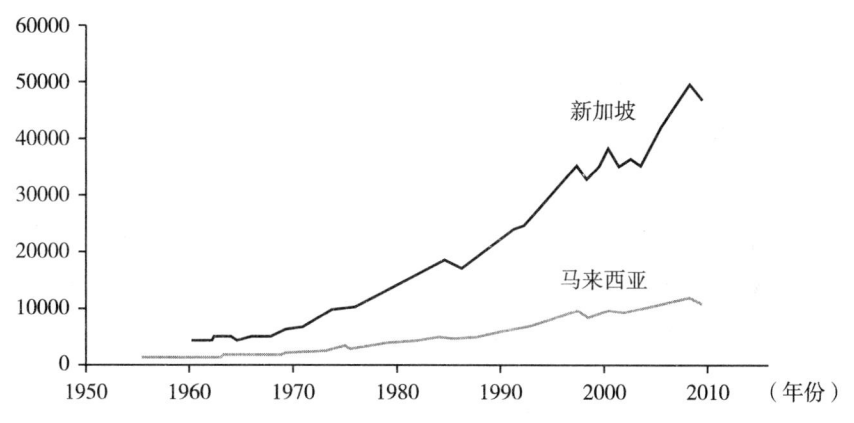

图1.9　新加坡（1960~2009年）和马来西亚（1955~2009年）

资料来源：Penn World Table 7.

新加坡在马来西亚外围和内部地区的所有动荡中独立，在那里，一个具有悠久传统的大型海港俯瞰着新加坡海峡，这一海峡是南中国海、泰国湾以及印度洋之间的战略性水道。图1.9展示了马来西亚和新加坡的比较性经济记录。马来西亚的经济看起来较弱，仅仅是因为新加坡的经济强得惊人。如图1.10所示，虽然印度尼西亚、菲律宾、马来西亚和泰国在20世纪50年代的人均GDP水平大致相同，但目前来看，马来西亚的经济状况与其他邻居相比，已经是最好的了。

马来西亚和新加坡都汲取了本章提到的一些经验。总体来看，它们都避免、

按通货膨胀、人口与
购买力平价调整后的人均GDP
（国际美元，基年为2005年）

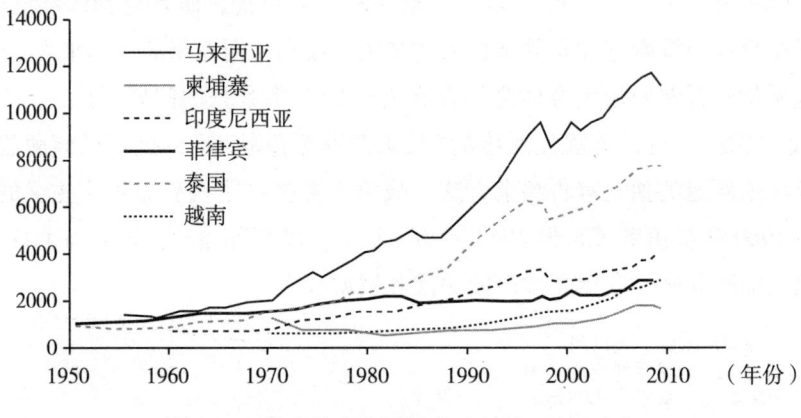

图 1.10　代表性东南亚国家（1950～2009 年）

资料来源：Penn World Table 7.

防止或减轻了暴力冲突。它们着眼于物质和人力资产的重建，成功地将一个全面，特别是关于分配和发展的目标铭记在心，新加坡在其海港的帮助下成了一个和平的贸易经济体，马来西亚也紧随其后，它们吸引了大量的外国直接投资和旅游业务。尽管马来西亚直到今日还在处理其周边地区的一些动荡和纠纷，但它在以核心地区优势为主且不忽视其他地区的基础上发展建设起来了。

政策教训与忠告

教训 1.1　比起偶然的经济危机，暴力危机是更加严峻的经济问题。

教训 1.2　由于紧张局势、战争和暴力总会带来不利的经济后果，我们必须避免、预防和减少暴力冲突。暴力后重建的成本远远大于预防的成本。

教训 1.3　积累资产或重新积累资产；不要损耗资产。在暴力后的重建中，解决创收、财富分配和消费的短期需求绝不应转移对资产的关注。

教训 1.4　没有经理，就无法管理。建设（重建）具有设计与执行适当经济政策的机构和人员的能力至关重要。

教训 1.5　没有数据，就无法管理。决定重建数据搜集和分析的系列活动。

教训 1.6　广泛而全面地考虑宏观经济框架的要素。不要忽略经济的服务目的。没有发展的增长是危险的，没有增长的发展是虚幻的。

教训 1.7　一般来说，和平经济是交易经济，反之亦然。恢复和促进内部与外部贸易至关重要。

教训 1.8　发展的缺位会激发一切形式的暴力，反之亦然。恰当的宏观经济框架和政策取向可以减轻暴力；不恰当的政策则会加重暴力。

教训 1.9　暴力可以摧毁特定国家的能力，并可能需要区域性或全球性的公共政策干预。对受暴力困扰国家进行持续援助是必要且有效的。我们需要在头脑中明确地将它构建到和平建设及和平维护中。

教训 1.10　在不忽视受暴力困扰地区的前提下，强化相对不受影响地区的实力。

2 长期经济目标：投资、生产力与增长

[31] 从人均角度来说，当今人们的平均福利与100年前相比，已经有了相当大的提高。然而，这一成果的空间分布并不平衡，拉丁美洲、非洲和亚洲仍有大量的贫困人口。经济增长理论需要从时间和空间维度来解释国家之间以及国家内部的经济增长现象。在确定增长的根本原因时，如果由理论得出某些原因是内生的（处于经济系统内部，因而受政策干预的影响），而非外生的（处于系统外部，因而在决策者操纵能力之外），那么这对政策就很有帮助。只要创造新技术的机制还不清晰，提高劳动生产率的新技术就被认为是外生的；如果新技术的发展与诸如易于获取的金融资本、有保障的产权或者合理的激励制度有关，那么它就会被看作是内生的。

内生增长原因指的是产生于经济系统内部并可能受政策变化影响的因素；**外生增长**原因指的是似乎不受决策者影响的因素。

[32] 为了不仅仅停留在维持生存的水平上，经济需要产生并维持一定量的盈余，以使一些人能够不再为谋生而工作，并将精力用于实验、创新和实现梦想。18和19世纪的增长理论强调了资本形成和增长、专业化带来的效率、某一政治管辖范围内部及不同政治管辖范围之间自由贸易的益处。尽管有时其分配问题会受到质疑，但直至今日，自由贸易仍是一个重要的经济原则。在资本方面，古典增长理论还认为，任何用于增加和改进物质资本的盈余，都会带来更多的盈余；但是，假以时日，人口增长率会赶超上来并消耗掉这些盈余，因此人们将重新回到仅够维持生存的生活水平。根据这一理论，持续的人均经济增长是不可能实现的。

2 长期经济目标：投资、生产力与增长

古典增长理论认为，对于当前人口来说，任何产出盈余假以时日，将被人口增长抵消掉，社会将不断回复到仅够维持生存的生活水平。根据这一理论，持续的人均经济增长是不可能实现的。

随着工业革命的发展以及英国、西欧和北美出现的持续经济增长，人们逐渐意识到，古典增长理论认为经济不可能持续增长的观点是错误的。但新的经济增长理论直到20世纪中期的前几年才被提出。有两大理论特别强调了技术变化和企业家在促进经济增长中起到的作用。约瑟夫·熊彼特（Joseph Schumpeter）提出了著名的"创造性破坏"的说法：在追求利益的过程中，处于竞争性经济中的企业家为市场带来了创新产品和工艺，这些产品和工艺一方面破坏了竞争的业务范围，另一方面极具革命性，推动了整个经济体系的前进。[1] 在交通运输部门，马车取代人力搬运货物，以化石燃料为动力的机器取代了以水为动力的机器。在那个时代，运河与驳船、越洋航运、铁路、汽车和现代空运都改变了先前交通运输的形式。

熊彼特的论述是可信的，但根据他的说法，驱动经济增长的因素是外生的：它们几乎没给政策行为留出任何施展空间。其主要的政策建议就是政府要尽量减少阻碍商业发展的监管障碍。与之不同的是，罗伯特·索洛（Robert Solow）的新古典增长理论假设在一个经济体中，劳动力、资本、产出、增长、投资、技术变化以及用于投资的储蓄是关键变量。在理论上，这些内生变量为政策干预留出了空间。该理论还推出了三个预测：第一，人均劳动力所占的资本——资本与劳动力的比率增加，增长就会提高，因为更多的资本使得劳动力的生产率更高；第二，初始资本—劳动力比率低的国家比那些人均劳动力所占资本多的国家增长得更快，因为与从较高资本水平开始生产相比，从较低水平开始生产时，增加一单位资本将产生更多的收益；第三，由于资本的边际收益递减，经济最终将达到一个稳定状态，此时资本的增加不会再促进经济的增长。为了打破这一稳态，经济社会不仅需要更多的资本（例如更多的打字机），还需要更好的资本（例如电脑文字处理器而非打印机）。总之，新古典增长理论认为，持续的增长需要技术进步，尽管该模型并未说明这种进步来自哪里，技术进步仍然是外生的。

新古典增长理论关注劳动力、储蓄、资本、投资和技术变化等因素之间的因果

---

[1] J. Schumpeter, *Capitalism, Socialism and Democracy* (New York and London: Harper & Brothers, 1942).

关系，以此预测产出及其增长率。**新兴古典增长**理论强调，要理解激发企业家精神、促成技术变化及人力资本形成所不可少的制度条件。这进而带来了传统制度和演化经济学的复兴。

索洛模型还预测，贫穷国家将能赶上富裕国家。显然这并没有发生，经济增长理论要想解释现实世界中的现象，还需要再一次的转变。① 20 世纪八九十年代，保罗·罗默（Paul Romer）、罗伯特·卢卡斯（Robert Lucas）和罗伯特·巴罗（Robert Barro）提出了新的古典增长理论。自那时起，理论家们除了创建包含内生技术变化的模型外，还将资本的定义扩展至人力资本：不同于物质资本边际收益递减的性质，人力资本被认为是边际收益递增的，这意味着劳动者每增加一年的知识、教育、技能和经验，就会带来比以往每一年都要多的收益。另外，人们可以以很低的成本相互交流所学的知识。因此，经济学家将精力集中于系统地研究为使创新、教育蓬勃发展，物质和人力资本繁荣，国家需要怎样的制度条件。这带来了制度和演化经济学的复兴，制度和演化经济学在研究中往往将经济体视为动态的、竞争的社会体系。这些正式或非正式的制度包括自由贸易、最小的监管体系、健全货币、完善的法律和秩序——特别是有保障的产权，以及廉洁的政府。它们构成了一整套良好的治理要素，这些要素共同提供了允许私人追寻熊彼特机会，以改善生活的框架条件。然而，这些制度（有些）是相互竞争的，因为规则的调整会给一方带来好处，而给另一方带来坏处。

冲突阻碍了贸易，并把经济资源转移至非生产领域。此外，它还减损资本，破坏文化、政治和经济制度，这些制度都是良好的政策制定和政策执行所必需的，同时也是增强经济增长内生因素所必需的。但在探讨促进增长的投资、暴力和经济增长等主题之前，我们必须理解关于衡量经济活动的几个问题。

---

① 参见 V. Cerra and S. C. Saxena, "Growth Dynamics: The Myth of Economic Recovery", Working Paper, No. 226, Basel, Bank for International Settlements, 2007。他们表明，发展中国家的经济能够向发达国家的经济收敛，只要它们可以避免"战争、（金融）危机和其他会导致绝对偏离以及长期增长率降低的消极的冲击……平均来说，政治和金融危机造成的产出成本是永久的，且长期增长与波动性是负相关的"。然而，即使重复发生的、严重的危机使得发展中国家经济未能向发达国家经济收敛，识别出促进经济增长的内生驱动因素也是很有用的。

2　长期经济目标：投资、生产力与增长

经济绩效度量

正确度量经济

衡量经济活动最常用的指标是GDP，它通常被计算为给定年份中生产出的所有最终商品和服务的货币价值。GDP的增长经常与福利改善联系在一起，但即便排除上述分配方面的顾虑，这一假设也是有问题的。很多经济活动没有被度量，比如用于自身消费的农产品或者非法市场的经济活动。另外，一些被测量在内的经济活动是否真的有利于福利的改善，也是值得怀疑的。假设一个女人遭受了家庭暴力并需要进行治疗，由于治疗产生了支出和收入——提供医疗服务的人员收到的支付，它被计算为GDP的一部分。由于从本质上说，这并未对增进福祉做出贡献，所以或许没有此类GDP增长的话，人们会更加幸福。[①] 我们还需要注意，给雇员创造收入的军事和安全相关支出，与给安保公司所有者与股东创造收入的军事和安全相关支出之间存在细微的差别，但这最终只保护了我们来自自己的伤害。[②]

名义GDP：没有调整价格通货膨胀影响的GDP。**实际**GDP：调整了价格通货膨胀影响的GDP，因此不同年份的数值具有可比性。进一步调整购买力差别后的GDP以国际美元（I$）表示。

所有经济数据都必须按人口增长率和产出价格的通货膨胀率进行调整，尤其是因为贫穷国家往往受通货膨胀（即货币购买力的贬值）影响更大。这就涉及名义GDP与实际GDP的概念。假设第一年的GDP为10000美元（见表2.1），第二年增长了5%，也就是变为10500美元，此后每年的增长率均为5%，得到的这些数据都被称为名义GDP；它们既包含了产出的数量，又包含了衡量产出数量时所用的价格。在我们的模型中，它们表明第五年的GDP与第一年相比，增长了21.6%。这是相当惊人的。

---

① 关于GDP错误的度量方式，以及对福利的衡量，可参见 Stiglitz, Sen and Fitoussi, *Report*.
② 因为安全可以比作是处理风险的保险费，将安全相关的支出纳入到GDP中或许是合适的。参见 T. Bruck, "An Economic Analysis of Security Policies", *Defense and Peace Economics*, Vol. 16, No. 5 (2005), 375-389. 但风险越大意味着费用越高；反之亦然。

表 2.1　　　　　　　　　　　名义和实际国内生产总值

年份	名义 GDP	价格水平	实际 GDP	人口	人均实均 GDP
1	10000.00	100.0	10000.0	100.0	100.0
2	10500.0	1020	10294.1	101.0	101.9
3	11035.0	104.0	10596.9	102.0	103.9
4	11576.3	106.1	10908.6	103.0	105.9
5	12155.1	108.2	11229.4	104.1	107.9

注：所有数字都四舍五入至一位小数。

但我们需要更多的信息来了解 GDP 增长率和福利之间的关系。我们从价格水平说起，我们把它看做是所有产出商品的平均价格。假设第一年的价格水平为 100，此后每年上升 2%。最后，假设人口每年增长 1%。为计算剔除通货膨胀的 GDP 或实际 GDP，我们用每一年的名义 GDP 除以该年的价格水平再乘以 100。对于第五年，不考虑四舍五入的计算误差，我们得到（12155.1÷108.2）×100 =11229.40（美元），这意味着第五年的 GDP 与第一年相比，增长了约 12.3%。"实际"一词表明增长率是按产出商品数量的货币价值计算的，而不是按它们的价格计算的。但除此之外，第五年的人口也增加了，在上述情况中，它增长了约 4%，因此我们还需要进行进一步的调整。我们用表 2.1 的最后一列来说明。11229.40 美元除以 104.1 得到 107.9 美元，表明实际人均 GDP 增长了 7.9%。这是个不错的结果，但与只按名义 GDP 计算得出的 21.6% 相去甚远。只有实际 GDP 和实际人均 GDP 才可以相互比较，而且实际人均 GDP 使用得更多，因为它还考虑了人口增长率。

正如第 1 章中所说，在比较使用不同货币的不同国家时，还需要进行另一种调整。假设德国的人均经济规模为 10000 欧元，美国的人均经济规模为 10000 美元。进一步假设欧元兑美元的汇率以 1：1 为基准（EUR1.0/USD1.0），因此，换算成美元，德国的人均产出价值就是 10000 美元。但如果汇率发生变化，比如说 1.1 欧元兑 1.0 美元，那么德国经济的规模以美元衡量仅为 10000÷1.1＝9091（美元），比之前缩小了约 10%。这里的问题并不在于德国经济的萎缩，而在于市场上两种货币之间的汇率波动。要解决这一问题以及进行国家间比较时存在的

其他问题，研究人员构建了国际美元（I$）或购买力平价美元（PPP）。当分析一个国家的时间序列时，GDP 和其他经济数据应调整通货膨胀和人口的变化；当分析不同国家时，所有数据还应转换为国际美元。

另一个问题——一个大问题，是如果一国没有人力资源和机构设施来对生产出的商品和服务进行妥善计数并记录其价格，那么一个经济体的货币规模是很难衡量的，更不用说其增长率了。另外，在一些国家，非正规经济，由既不被计数也不被征税的经济活动构成——非常之大。根据联合国毒品和犯罪办公室（UNODC）以及弗里德里希·施奈德（Friedrich Schneider）（奥地利林茨大学）的研究，哥斯达黎加、尼加拉瓜、萨尔瓦多、洪都拉斯、危地马拉和巴拿马六个中美洲国家的非正规经济平均约为其上报 GDP 的一半左右。国际劳工组织（ILO）称，在这些国家，非正规部门的就业人数占到了就业总人数的 50% 以上。[①] 在波斯尼亚和黑塞哥维那，1998～2005 年的正规就业人数一直较为稳定，维持在 60 万人左右，而非正规就业人数从 20 万人左右上升至 50 万人左右。[②] 联合国开发计划署（UNDP）指出，"犯罪和平经济"[③]包括但不限于非法经济活动，例如贩卖毒品、走私军火、拐卖人口或者买卖濒危物种，此类经济活动正在增多。

在许多容易发生战乱的发展中国家，特别是农业导向型国家，大多数人从事的都是非正规经济活动。未经慎重考虑就试图将非正规经济转变为正规经济——即便是以增加公共部门税收为理由，可能只会破坏农民、手工业者、小商贩和最终用户的家庭与资助网络，摧毁原本正常运行的系统。非正规经济能够提供的稳定性影响不容小视。破坏非正规经济的错误干预会延缓和平的到来，引发冲突以及随之而来的暴力。[④]

---

① 参见 UNODC, *Crime, Violence, and Development*, 84.
② UNDP, *Post-Conflict Economic Recovery*, 77.
③ UNODC, *Crime, Violence and Development*, 83 - 84; UNDP, *Post-Conflict Economic Recovery*, 77 - 78; 也可参见 World Bank, *World Development Report*.
④ 关于莫桑比克和卢旺达的情况，可参见 J. P. Dunne, "After the Slaughter: Reconstructing Mozambique and Rwanda", *The Economics of Peace and Security Journal*, Vol. 1, No. 2 (2006), 39 - 46, 也可参见其中引用的文献，尤其是，T. Brück, "The Economics of Civil War in Mozambique", in J. Brauer and K. Hartley, eds., *The Economics of Regional Security: NATO, the Mediterranean, and Southern Africa* (Amsterdam: Harwood, 2000), 191 - 215。

冲突对经济增长的影响

国民收入核算

因为一个人不能赚取别人没有花费的钱,所以一个经济体中所有支出加起来必须等于所有由生产得来的收入。表2.2中的方程1表明能够产生收入(Y)的支出由以下几部分构成:私人家庭的国内消费(C);公司的国内投资(I),例如替换磨损部分或添置设备和商业设施,增加现有资本存量;政府(G)对国家、省市、区县提供的各种公共服务;另外,当一个国家出口商品(X)时,它就从外国获取收入,所以别国的支出产生了必须被计入本国收入的收益流;反之,当家庭或者公司从国外进口商品(M)时,相应的支出形成了别国的收入,这些收入必须从本国的收入扣除,因为它们没有增加国内收入。

表 2.2　　　　　　　　　　国民收入核算

1. $C + I + G + (X - M) = Y$
2. $Y = C + S + T$
3. $C + I + G + (X - M) = C + S + T$
4. $I + G + (X - M) = S + T$

方程2描述了这样一个观点:国内收入(Y)只能被用于三个方面:税收(T)、家庭消费(C)或储蓄(S)。方程1等于方程2,因为它们都是国民收入(Y)的表达式,这一国民收入来源于生产所得,且花费在生产所得上。因此,下一个方程重复了第一个方程的左式和第二个方程的右式。由于方程3的左右两边都出现了消费(C),其在国民收入核算中的作用可以相互抵消,我们整理可得方程4。当用三种不同的方式表述时,该方程构成了三个重要观点的基础。为了说明这些观点,我们赋予每个变量具体的数值(见表2.3),并分别将它们带入方程5、方程6、方程7中。

方程5中的数值假设政府支出(G)等于政府税收的总和,因此不存在政府预算盈余($T > G$)或预算赤字($T < G$)。方程5告诉我们,方程右边各项是怎样为左边的国内私人投资总额(I)提供资金的。这里有三个来源:国内私人部

门储蓄（S）、政府部门储蓄（$T-G$），以及外国部门储蓄（$X-M$）。前两项的私人和政府储蓄 $[S+(T-G)]$ 也被称为国民储蓄。由于在我们假设的情况下，政府部门既没有预算盈余也没有预算赤字，所以该部门无法产生可以循环用于投资的储蓄，但也不会吸收私人部门的储蓄来为赤字融资。①

国内私人储蓄加上**政府部门储蓄**等于**国民储蓄**。国民储蓄与**外国部门储蓄**共同为**国内私人投资总额**提供资金。

以方程 5 为基础，表 2.3 给出了三种情形（S_1，S_2，S_3），每种情形都假设投资等于 30。情形 1：S_1 假设私人部门储蓄为 40，其超出投资的部分必须转移到或来自其他地方。由于过剩资金并未用于弥补政府赤字（即 $T-G=0$），因此它一定与外国部门的活动有关，尤其是出口（资金流入）超过进口（资金流出）的部分。随着出口而流入一国的资金是外汇收入，它们唯一的使用途径就是以投资的形式，重新回到它们来自的那些国家，② 因此，本国的国内私人投资总额并不受影响。在情形 2（S_2）中，我们从原先总值为 40 的储蓄中拿出一部分用于更多的进口。现在政府部门和外国部门都达到了平衡状态，国内私人投资总额完全来自于国内私人储蓄。最后，在情形 3（S_3）中，国内私人储蓄为 20，其相对于国内私人投资总额 30 短缺的部分由外国部门来填补。这里，进口超过出口表示资金流出了本国，但是赚取这些资金的外国人只能把它们重新投资给资金来源国。这将构成国内私人投资总额，但被买入的资产的所有权属于外国人（参见第 4 章中讨论的收支平衡）。

方程 6 的三种情形强调了国民收入核算的另一个方面。在情形 1（S_1）中，所有部门都是平衡的。但情形 2（S_2）中出现了政府预算赤字（$T-G=30-40=-10$）。由于国内私人储蓄和投资相互平衡，政府预算赤字必须由外国部门填补。在这种情况下，进口超过出口使得外国人持有资金，而这些资金又将被借给进口国政府。在情形 3（S_3）中，政府预算盈余意味着正好相反的情况，即该国存在贸易顺差。我们把方程中的三个要素——私人、政府和外国部门，看做是

---

① 实现政府预算平衡并不是异想天开。2011 年，智利的预算盈余为其 GDP 的 0.2%，爱沙尼亚的预算赤字为其 GDP 的 -0.1%，这非常接近于平衡了。参见 "Trade, Exchange Rates, Budget Balances, and Interest Rates", *Economist*, available at http: //www.economist.com/node/21543568（2012 年 1 月 31 日访问）。

② 例如，中国通过向美国出口来赚取美元。这其中的一些美元将被用来购买如沙特阿拉伯的石油等。但是无论是对中国还是对沙特阿拉伯来说，囤积这些美元都是没有任何好处的。最有可能的是，中国、沙特阿拉伯和其他持有美元的国家用这些美元来购买美国政府的债券或其他资产，并由此赚取利息。

一个充满气体且紧紧扎住的三腔气球。当我们封闭气球的其中一腔而挤压另一腔时，空气一定会流向气球的第三腔。

表 2.3　　　　　　　　　假设的国民收入核算数字

5.	I	$= S + (T - G) - (X - M)$
S_1:	30	$= 40 + (30 - 30) - (30 - 20)$
S_2:	30	$= 30 + (30 - 30) - (30 - 30)$
S_3:	30	$= 20 + (30 - 30) - (20 - 30)$
6.	$(I - S)$	$= (T - G) - (X - M)$
S_1:	$(30 - 30)$	$= (30 - 30) - (30 - 30)$
S_2:	$(30 - 30)$	$= (30 - 40) - (30 - 40)$
S_3:	$(30 - 30)$	$= (30 - 20) - (30 - 20)$
7.	$(X - M)$	$= (S - I) + (T - G)$
S_1:	$(30 - 30)$	$= (30 - 30) + (30 - 30)$
S_2:	$(30 - 30)$	$= (30 - 40) + (30 - 20)$
S_3:	$(30 - 30)$	$= (30 - 20) + (30 - 40)$

最后，方程7也包含三种情形。假设每一种情形中外国部门都是平衡的。在情形1（S_1）中，这是因为国内私人部门和政府部门也处于平衡状态。在情形2（S_2）中，政府预算盈余为10，正好填补了国内投资超出可用的私人储蓄的部分。在情形3（S_3）中，私人储蓄超出了国内私人投资总额，这一部分超出额可由政府部门吸收，用以弥补预算赤字。

受冲突折磨的国家普遍会同时遭遇国民收入核算方程反映出的三个问题。首先，国内产出下降，因此即便政府支出的需求增加，但税收却减少了。这导致政府预算盈余缩减，更贴近实际的情况是，导致预算赤字增大（$T < G$）。其次，出口往往会减少，当地产出的萎缩需要由进口来弥补。因此，外国部门失去了平衡（$X < M$）。根据方程5，我们可能会得到以下几个情形：

$$I = S + (T - G) - (X - M)$$
S_1:　$30 = 30 + (30 - 40) - (20 - 30)$
S_2:　$20 = 20 + (30 - 40) - (20 - 30)$
S_3:　$10 = 10 + (30 - 40) - (20 - 30)$

其中，在情形 1 中，随着额外进口而流出的资金被外国人用于为进口国的政府预算赤字融资。但是，由于战争或者其他暴力行为，私人部门的活动减弱了。因此收入也降低了，剩余的收入必须用来支撑家庭消费，所以可用于私人投资的私人储蓄减少了，正如情形 2 所示。换句话说，几乎没有人在受战争困扰的国家中进行投资。如果政府不去向外国借款，而是占用国内的私人储蓄，正如情形 3 所示，那么国内私人总投资就下降得更厉害了。这是受暴力折磨的国家面临的第三个问题。

复合效应与 70 定律

70 定律：近似计算一国按照给定的增长率，实现经济规模翻一番所需年数的准则。

增长的复合效应是增长的一种动态性表现。在 1% 的年利率水平上，投资 1 美元可在 1 年后收回 1.01 美元。这种逻辑同样适用于持续增长的经济体。70 定律近似计算了一国按照给定的增长率，实现经济规模翻一番所需的时间。根据这一定律，如果一个经济体每年的增长率为 2%，其经济规模翻一番所用时间为 70/2 年，即 35 年（确切的年数为 36 年）。同样，如果一个经济体每年的增长率为 3%，那么它的规模翻番的时间为 70/3 年，约为 23 年，较前一种情况缩短了 12 年。看似微小的增长率差别会迅速累积，并导致平均生活水平呈现出巨大差异。一些东亚国家每年以 8% 的速率增长，因此它们的经济规模会在 9 年左右翻一番。

图 2.1 和图 2.2 阐述了受冲突影响国家的复合效应。在第一张图中，两个国家在 1980 年的 GDP 水平均为 100，且均以 2% 的增长率增长。但从 1985 年到 1989 年，国家 2 遭遇了长达 5 年的战争，在此期间其 GDP 每年下降 2%，而国家 1 的 GDP 则继续每年增长 2%。自 1990 年开始，两个国家又都以每年 2% 的速率增长。根据图 2.1 右边纵轴显示的刻度，下面的那条线表明，两国 GDP 在 5 年战争期间的差别达到了 22%。但由于存在复合效应，这并不是仅仅局限于战争时期的一次性作用；此后的差别将继续扩大。等到一代过后——战争结束后的 25 年——国家 1 的 GDP 为 200，而国家 2 的 GDP 为 163.7，两者相差了 36.3。

GDP水平
（1980=100）

图 2.1 对受冲突折磨国家 GDP 的影响（1980～2015 年）

图 2.2 受冲突折磨国家的累积 GDP 损失（1980～2015 年）

图 2.2 显示了国家 2 相对于国家 1 的累积 GDP 损失。当两国在和平时期均以 2% 的速率增长时，到 2015 年，5 年战争造成的累计损失为初始 GDP 的 8 倍（累积损失为 809.1）。如果国家 2 想在战争结束的 25 年内也就是在 2015 年之前赶上国家 1 的 GDP 水平，那么它需要以每年 2.8% 的速率增长——这比国家 1 的 GDP 增长率高了 40%（0.8÷2.0=0.4，或 40%）。图 2.2 表明，等到国家 2 真的赶上国家 1 的时候，它在追赶年间的累积 GDP 损失依然是其初始 GDP 的 4 倍左右。不管是哪种情况，每年损失与累积损失都非常大。

集体暴力如何扰乱经济体系

我们在第 1 章中强调，提高生产力的投资对长期经济增长和人民福祉非常重要。投资不仅指私人和公共的物质资本，如道路和机械，也指人力、文化、社会和制度资本，如教育水平、公民之间的信任程度、产权的完善程度、合同执行力度以及货币稳定程度等。所有这些都容易受到战争的影响。然而，不只是投资会受到冲击，人际间暴力和集体暴力会通过各种相辅相成的途径扰乱经济体系。我们先从供给方面说起，战争经常导致投入品价格达到峰值。由于供应商会收取更高的购买和运输价格，因此原材料可能更难以获得。电力及其他公用设施可能受到破坏，从而也会中断其他生产。劳动者和农场工人可能被征召入伍，或是成为受害者或难民，因此找到合格的工人变得更加困难。出于对战争破坏力的担忧，人们不再进行新的投资来提高农业或工业生产的效率。对于现有设备的维护也被拖延，导致机械较早地毁掉。平均生产成本上升，经济增长率下降，就业率下降，失业率上升。这一影响的大小取决于暴力的类型、强度、持续时间和空间范围。暴力越严重，其产生的负面影响越大。

在经济的需求方面，方程 1 中刻画的总需求五大要素都会受到不利影响。预期到失业或长期战争的可能性，人们将努力省钱，从而导致消费需求下降。公司不再愿意投资。由于运输路线尤其是机场、港口及边境口岸的封锁，出口贸易举步维艰。因为进口规模不可能持续扩大，人们不得不寻求国内生产的高价商品，迫使生活成本抬高。随着经济活动的衰退，或者从正规向非正规部门的转移，政府税收及支出也大幅下降。为了弥补税收的不足，政府会试图借款，增加债务负担，并加大开支，特别是与军事有关的开支，以此维持经济的运行。但是以公共活动取代私人活动并不是一个长期可行的经济战略。虽然个别人可能在战争中发财，但总体经济财富不会增加。暴力引发了不断抑制经济的恶性循环。

机构与政策

三个社会

每个群体都有三个相互交叠的社会：商业的、公民的和政治的（或经济、文化、政治）。商业社会通过市场分配资源，公民社会通过道义劝告分配资源，而政治社会通过权力分配资源。[①] 大多数成年人都同时参与三个社会：他们以生产者和消费者的身份参与经济生活；他们参加从社区足球俱乐部到全球非政府组织的各类公民活动；他们还偶尔作为选民参与公共生活。

一个运作良好的社会同时也是平衡的。正如倘不允许商业或公民社会得到发展就会后患无穷，没有公民社会的道德约束和政治社会的制度约束，商业社会就会陷入一片混乱。这三个社会都在国内和跨国领域中运作。在国际上，国内商业有相应的跨国商业，国内非政府组织有相应的日益显著的跨国非政府组织，国内公共部门有相应的国际组织，例如联合国、东南亚国家联盟（ASEAN）、欧盟或是非洲联盟（AU）。

每个人都有自己的关注和目标，在由政府代理的正规立法和执法机构下，每个人试图影响他人或与他人交易的结果决定了授权政府的正式立法、实施与执行机构的社会治理。有人会认为，让政府发挥特定的作用或实现经济增长的特定条件过于理想。但在现实中，可能有人会说，商业社会驱动了经济与经济增长，政治社会提供了指引和管理经济与经济增长的框架，公民社会验证了经济质量，例如通过坚持使增长符合环境要求及收入公平分配的需求。

通常，机构和政策被认为仅反映了政治社会的观点。在国家层面上，经济、金融、贸易、劳动力、工业、教育等类似领域部门受到其政治管理者设立的执行性政策的控制。不管其特定领域的管理与专业，这些部门都要被引导着相互协调，共同朝着重建社会资本的目标努力。从某种意义上说，它们都是国家投资机

[①] 参见 J. Brauer and R. Haywood, "Nonstate Sovereign Entrepreneurs and Nonter-ritorial Sovereign Organizations", in W. A. Naude, ed., *Entrepreneurship and Economic Development* (Basingstoke, UK: Palgrave Macmillan, 2011), 294–316. 在商务外交中，可能会出现板块之间的重叠，如由外交官和商业人士共同承担的贸易任务。

构，如对教育、基础设施、劳动力生产率进行投资。在冲突过后，商业、劳动力、移民和财政部门需要共同努力，将那些流失的物质、人力和金融资本都调资回笼，返回祖国能重燃经济增长的火苗。当私人慈善机构的努力符合重建、维护和确保人类福祉的总概念时，也应受到拥护。具有丰厚自然资源的国家需要通过可靠方法将一部分财富储存起来，形成能够产生长期回报的禀赋，正如东帝汶从近海石油和天然气田的出口收入中抽取份额，建立石油基金。该基金的收益和提款可作为政府预算的补充，为急需的基础设施项目提供资金。诸如科威特和新加坡——一国自然资源丰富，一国自然资源贫乏，这些国家多年来一直持有这样的主权财富基金。

援助、侨汇、外国直接投资和贸易

2006年，官方发展援助（ODA）资金约为1000亿美元，[①] 而海外侨胞向祖籍国家的汇款达到3000亿美元，[②] 外国直接投资超过10000亿美元。[③] 或许真正放开的全球贸易市场将会呈现更大的数值。当考虑资本重建时，受冲突折磨国家的决策者不应仅关注国外援助，还应注重私人部门活动的重组与维持。国外援助与军事干预一样，最终反映了第三方的利益，因此对受援国来说，这些援助可能反复无常、随机性大、持续期短。学术界直到近年来才指出，援助应该是非政治化的、可预见的且持久的，应该持续到冲突结束后的10年，[④] 而且，在对援助资金进行设计、交付和审核时要特别考虑到建设与维护和平。

国际金融机构

国际金融机构（IFI）主要是指国际货币基金组织和世界银行集团，但也指

---

① 关于经合组织（OECD）发展援助委员会的22个成员，参见"Development Co-operation Report", Summary, OECD, January 2008, http://www.oecd.org/dataoecd/21/10/40108245.pdf（2011年12月6日访问）。

② UNDP, *Post-Conflict Economic Recovery*, 86.

③ 参见 United Nations Conference on Trade and Development（UNCTAD）, *World Investment Report* 2009, http://www.unctad.org/Templates/WebFly-er.asp?intItemID=5037&lang=1（2011年12月6日访问）。

④ 世界银行也是一样；参见 *World Development Report* 2011: *Conflict, Security, and Development*（Washington, DC: World Bank, 2011）。

区域性开发银行，如非洲开发银行（AfDB）、亚洲开发银行（ADB）、泛美开发银行（IADB）和欧洲重建与开发银行（EBRD）。国际货币基金组织主要从事短期信贷，以维持宏观经济的稳定性；其他机构主要从事长期信贷，以建设或重建基础设施并提供社会服务。世界银行集团包括：国际复兴开发银行（IBRD）、国际开发协会（IDA）、国际金融公司（IFC）、多边投资担保机构（MIGA）和国际投资争端解决中心（CSID）。国际货币基金组织与世界银行集团都是自治组织，且都建立在一系列国际条约上。当一国申请加入时，就必须接受这些条约。

  国际货币基金组织将自己描述为"有187个成员，致力于促进全球货币合作、确保金融稳定、推动国际贸易、推进高就业率和可持续的经济增长、减少世界各地贫困的组织"。在实际中，其日常工作主要包括三大部分：第一，国际货币基金组织通过经济监测监控成员国的经济和金融发展，并提供预防危机的政策建议。第二，国际货币基金组织向有收支平衡问题的国家发放短期贷款，以支持旨在解决潜在困难的政策。第三，国际货币基金组织提供技术援助和培训。国际复兴开发银行和国际开发协会这样描述它们的工作，"向发展中国家提供低息贷款、无息信贷和捐赠，其目的包括对教育、卫生、公共管理、基础设施、金融和私人部门发展、农业与环境和自然资源管理等众多不同目标方面进行投资"。①

  作为由主权国家创立的政治实体，国际货币基金组织和世界银行集团募集的数据收集与政策建议都会受到限制。它们也都曾因向成员国提出不合理甚至有害的政策作为借款条件而遭到过批评。世界银行曾资助建设一些大型水坝进行水力发电。虽然发电与经济增长的联系紧密，但大坝的建设有时会使当地居民流离失所，并对环境造成巨大破坏。中央政府政客与官僚磋商的基础设施贷款用以发电并传输给远方的城市，却迫使当地居民迁出家园、流离失所、无人关注，违背了经济发展的概念，这正是公民社会所批判的。因此，世界银行不得不时常承认错误并更改政策和做法。在20世纪90年代晚期，世界银行还推进了军事冲突经济学的研究，并将研究成果运用到实践性援助中。

---

  ① 参见 http：//wwwimf.org/external/about.htm 以及 http：//web.worldbank.org/WB-SITE/EXTERNAL/EXTABOUTUS/0.，pagePK：50004410~piPK：36602~theSite PK：29708，00.html（2012年1月10日访问）。

失败与成功：两个案例研究

我们将对两组国家进行案例研究。第一组由那些曾经被称作欧洲外围的国家构成，特别是希腊、葡萄牙和西班牙；第二组是欧洲核心国家，特别是法国、德国和意大利。这三个欧洲核心国家与比利时、卢森堡以及荷兰于1951年通过《巴黎条约》，建立了欧洲煤钢共同体（ECSC），并于1957年通过《罗马条约》，建立了欧洲经济共同体（EEC），后来欧洲经济共同体演变成今天有着27个成员国的欧盟。

在20世纪50年代以前，这些核心国家都是民主国家。相比之下，外围国家多由军事强人掌控，经历了严重的动乱和内战。第二次世界大战结束后，希腊被长达30年的内部暴力所伤。1945~1949年的内战以及美国支持的政变拉开了军政府统治的序幕，该政权从1967年持续到1974年，最终在1973年学生骚乱和1974年土耳其入侵塞浦路斯后垮台。1981年，希腊加入了现在的欧盟。

1910年，葡萄牙的最后一位国王曼努埃尔二世（Manuel Ⅱ）被推翻。在经历了长期的动乱和第一次世界大战后，1926年，一个独裁政权建立。第二次世界大战中，葡萄牙在形式上保持中立，实际上却发动了一系列殖民战争（1961~1974年），而一次又一次的战败迫使葡萄牙最终放弃了其所有殖民地，包括安哥拉和莫桑比克（它们随后步入了漫长的后殖民时期的国内战争）在内的大面积领土。1976年，在武装运动推翻极右政权两年后，葡萄牙才建立起民主政权。而直到1986年葡萄牙加入欧共体，这个国家才有了经济稳定的保障，并融入到一个更广阔的市场中。

西班牙在第二次世界大战中也像它的半岛邻居一样，一边在形式上保持中立，一边处理西班牙内战（1936~1939年）造成的后果。佛朗哥将军（General Franco）的军队获得胜利并由此建立起军政府，该政府直到1975年佛朗哥将军去世才结束。1978年新宪法的通过，标志着现代民主政治的建立。1986年西班牙加入欧共体。尽管1955年美国拉拢西班牙加入反苏欧洲堡垒，西班牙在政治和经济上孤立的局面宣告结束，但佛朗哥一直将西班牙置于联合国之外。不久之后，西班牙接受了国际货币基金组织的援助，并召集了一群年轻的经济技术专家，这些专家制定的政策创造了"西班牙奇迹"（el milagro espanol），即从1959年持续到1973年的经济繁荣时期。

如图2.3所示，或许与直觉相悖，这3个欧洲外围国家在20世纪50年代、

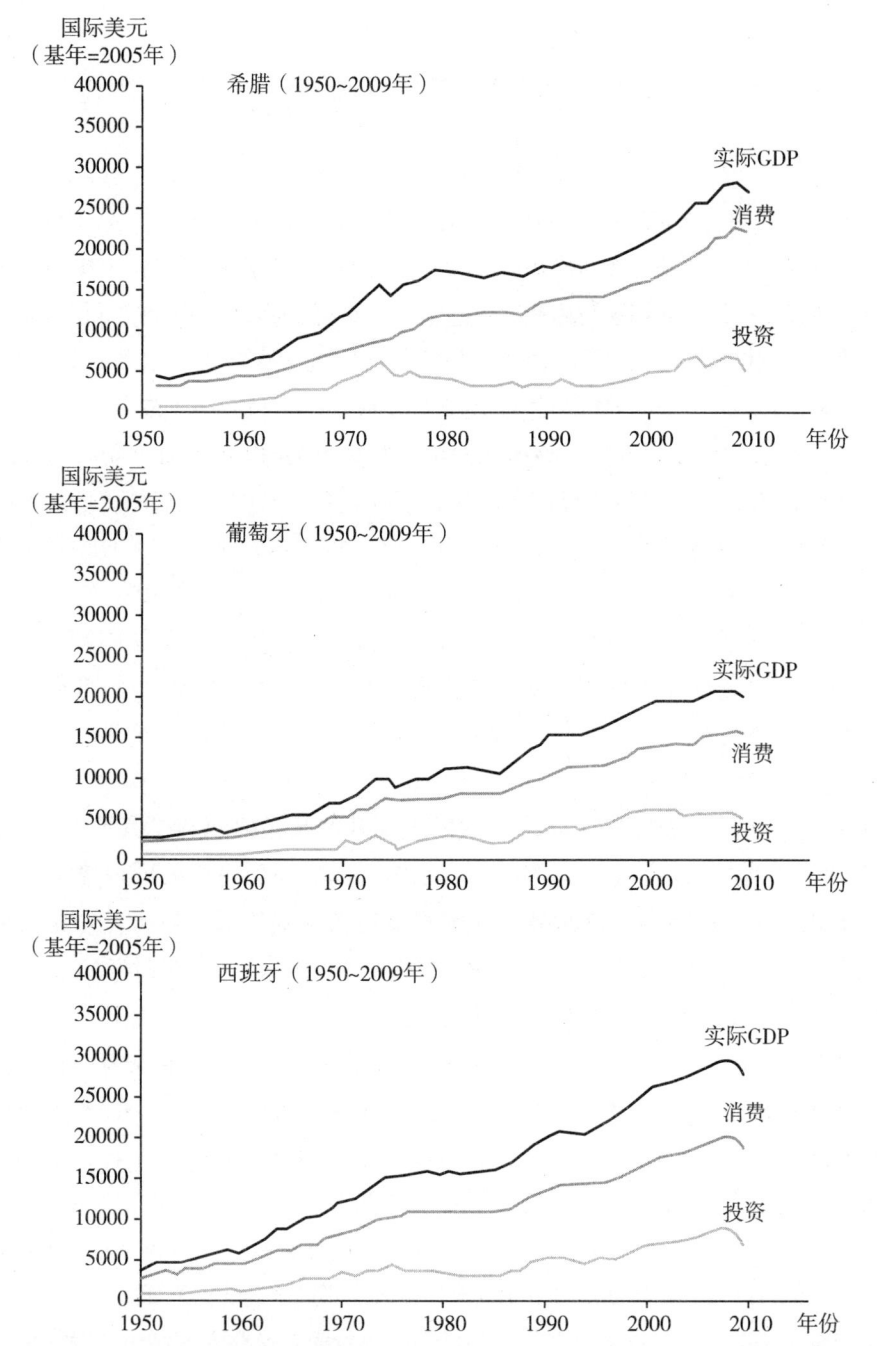

图 2.3（a）　经济增长（按通货膨胀、人口与购买力平价调整的人均 GDP、消费和投资）

资料来源：Peen World Table 7.

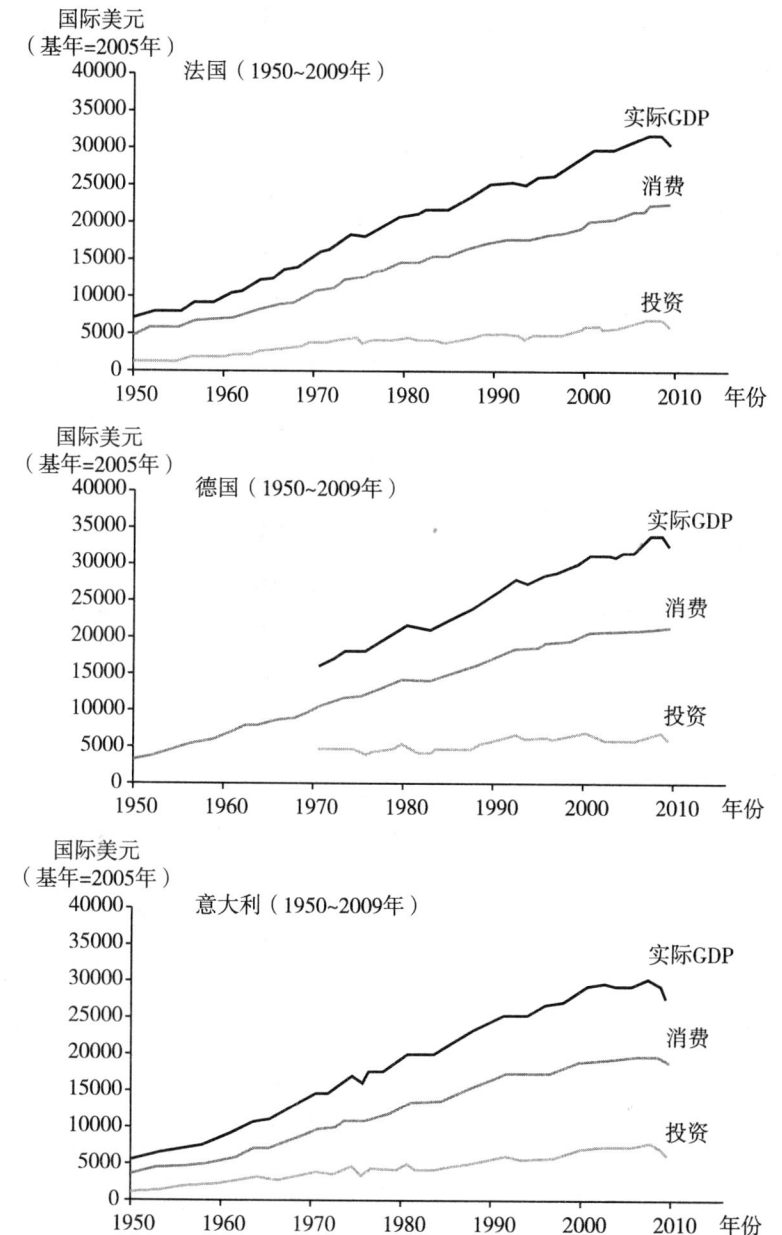

图 2.3（b） 经济增长（按通货膨胀、人口与购买力平价调整的人均 GDP、消费和投资）

注：德国 1970～2009 年、1950～1960 年和 1960～1969 年从网址 http://www.destatis.de/jetspeed/portal/cms/sites/destatis/lnternet/EN/content/Statistics/Volkswirtschaftliche Gesamtrechnungen/lnlandsprodukt/Volkseinkommen 1950，property=file.xls 计算得出。

资料来源：Peen World Table 7.

60年代和70年代早期都出现了强劲的经济增长。同样地，这3个国家都在推翻各自的独裁政权并建立现代民主政权之后经历了大约持续10年的经济停滞。这种模式是完全相同的：强劲的投资带来生产力和消费，从而推动了GDP增长，即便是在恶劣的政治体制下（我们也可从军事独裁统治下的韩国和中国台湾地区，或从"强大"领导模式下的马来西亚和新加坡身上学到一些经验）。然而大约自20世纪70年代中期一直持续到80年代中期，随着政权更迭，投资者呈现出不确定性，投资和生产力下降，消费水平停滞不前。

1950年，所有6个国家人均GDP的起始水平大体相似，都差不多是5000国际美元（法国略高一点，葡萄牙略低一点）。到了2009年，除了葡萄牙之外，其他国家的经济水平大约处于同一位置，人均消费水平为20000国际美元，人均GDP为30000美元。尽管偶尔出现经济衰退，核心国家的发展路径是稳步向上的，而外围国家的发展路径是先上升，然后停滞，然后再上升，其加速发展时期与由核心国家发起的欧洲计划紧密相关。葡萄牙和西班牙在经济停滞之后，没有再出现经济增长，直到欧盟一体化为止。而对于希腊来说，即使欧盟一体化也没有起到任何作用，直到冷战后的20世纪90年代中期，当时保加利亚和罗马尼亚对外开放，巴尔干战争结束，希腊准备加入于1999年1月成立的欧元区时，情况才有所转变。邻近性促进了贸易，贸易促进了经济增长。这可能不是巧合：这些外围国家，再加上爱尔兰，如今正是欧元区金融危机的核心国家。

从1948~1951年——在《巴黎条约》之前，《马歇尔计划》援助，或官方所称的《欧洲复兴计划》（ERP）援助，被按照人均值大量地提供给3个欧洲核心国家，至少相对于它们来说，提供给希腊和葡萄牙的援助微不足道，西班牙则根本没有。该计划狭隘和纯粹的经济效应至今仍备受争论，但毋庸置疑的是，它具有重要而广泛的政治经济和制度效应。认识到德国可能再次成为欧洲经济的中心，而且其邻国为了自己的福利都有赖于运行良好的德国经济，《马歇尔计划》为一体化自由贸易区倡导了一个泛欧洲的愿景。就像如今国际货币基金组织（IMF）的贷款一样，《马歇尔计划》的贷款是购买美国工业和消费品的外汇现款来源，因此美国人把大量援助都与自己国内的供应商联系在一起。然而，最重要的是，每个欧洲国家都必须为如何最好地使用这些资源而提出自己的计划，这是国际货币基金组织（IMF）在21世纪初才得到的经验。在德国，偿还《马歇尔计划》支援工业恢复和重建中补贴成分的款项来源于注入周转基金的本国货币，该基金可在国内看似永久地再贷款。今天，德国复兴信贷银行（KFW）仍

在持续经营，长期以来一直在偿付《马歇尔计划》最初的种子资金。①

西欧核心国家还能够在技术精湛、受过良好教育的劳动力基础上，以及文化上相对同质的人口基础上进行重建。几乎可以毫不夸张地说，收拾残局的理由很简单：因为有残局需要收拾。相比之下，西班牙不仅在内战中损失了50万人，而且又有50万人因为佛朗哥的法西斯专政而背井离乡。西班牙和其他欧洲外围国家的社会资本受到了比核心国家更加严重的破坏。而且3个外围国家都是以农业而不是以工业为主，尽管战后经济取得了增长，但在人均GDP方面直到1960年仍远远落后于核心国家（见图2.3），这种状态还将持续几十年。

即便如此，在核心国家内部的地区差异也会造成紧张。意大利或许是最著名的案例了，因为其北方发达而南方落后。在联邦德国，通往民主德国的边境地区经济停滞不前并被排除在有效的经济复苏之外。不过总的来说，这些案例给资产和增长问题提供了一些具体的见解，特别是关于资产和制度重建的重要性，可以进行贸易的有益的邻国，不存在持续不断的暴力冲突，为提高参与度、透明度和实现问责制而公开政治决策过程，以及投入持续的、尽管是完全利己的外来的大量资金和技术援助来刺激重建和发展。这种援助既不同于萨尔瓦多所接受的援助（见第1章），也不同于"二战"后欧洲外围国家所接受的援助。

政策教训与忠告

教训2.1 经济增长是必要的，也是人们所希望的。总是要按照人口增长率、产出价格通货膨胀率和购买力平价调整经济增长的衡量指标。增长的复合效应非常显著，即使是非常微小的增长差额也不要放弃。

教训2.2 国民收入核算仅仅刻画了为估测社会进步而应衡量的内容的一部分。我们应该寻求并分析衡量物质福祉和精神福祉的补充性措施，并用以分析经济政策是如何在这些方面促进或阻碍进步的。

教训2.3 关于如何促进增长，并没有得到普遍认同的理论。然而一般来说，政府要设立促进投资的框架条件；颁布合理的法律法规；确定介入点；提供充分的制度空间以实施政策；不过在其他方面，需要将增长的事情留给私人

---

① 德国接受了大约14亿美元的资金，并依据《伦敦债务协议》偿还商定的10亿美元。

部门。

教训 2.4　由于政府具有支配权，而备受人们争议。一个运作良好的社会也应该是一个平衡的社会，政治社会单单自身不能确定经济增长政策。商业社会和公民社会对于促进增长以及检验增长质量是必不可少的。这其中，公民参与度、透明度、问责制以及政策制定者的召回都是重要因素。

教训 2.5　应将长期经济增长率设定在怎样的目标水平上，我们并没有精确的答案。战前的经验、剩余的资本存量及其重建计划，还有受到类似影响的邻国的记录，或许能为设定合理的增长率提供指导。将目标值定得过低，难以取得生活水平的改善。

教训 2.6　不惜一切代价追求经济增长，也就是说，不制定减少贫困和暴力的策略，将会弄巧成拙，并使社会（重新）陷入战争之中。好的治理和好的政府，包括有力的政策规划、设计、实施、执行与遵循，是取得持续和平与繁荣的先决条件。

教训 2.7　冲突影响经济的供给方和需求方。只强调其中一方，或者只强调其中一方的一个方面，是不够的。冲突的经济成本很大，并会随时间的推移达到大得惊人的数量。一个社会能够做出的最佳的长期投资之一就是减少、预防以及减轻各种形式的冲突。

教训 2.8　作为一种制度（设计），世界银行集团和国际货币基金组织有时很晚才认识到并承认，在一些具体案例情况下，需要对标准的政策建议做出适当的修正。

3 宏观经济稳定与动荡应对

资产与收入有着千丝万缕的联系，它们共同增加或共同减少，如果经济社会中没有资产，那也不会有收入；但是，拥有资产并不能保证收入稳定。本章主要探讨短期内宏观经济的动荡和经济方略，需要牢记的是，短期与长期是相联系的。如果一个经济体可被比作一艘船，那么长期涉及选择正确的港口作为目的地；短期涉及必要时绕道而行以躲避风暴。采取无法使私人投资者安心或是威胁将他们逐出的经济法规和政策，就如在驶入风暴区的途中拆解船只。船越大，旅途越舒适且越安全，由于规模带来了固有的稳定性，资产必须不断地进行积累。

投资敏感的改革不仅要使投资者安心，一般来说，还要消除工人和社会的顾虑。改革还要面对冲突敏感，特别是暴力再起的危险。学术界和国际金融机构现在都认为，可能首先引发暴力风险的经济增长是没用的。缓慢而稳定好过快速而危险。在初期，转移部分资源投资到和平建设中，重建并加强社会契约，重构支持社会稳定的框架，可能比积累资本直接发展经济更重要。正如联合国开发计划署所指出的当前共识，"宏观经济政策必须优先考虑减小冲突风险，即便它们会促进增长。这可能意味着需要容忍温和的通货膨胀和适度的预算赤字"。[①]

宏观经济稳定政策试图减缓商业周期中起伏不定的波动，其工具包括财政政策和货币政策，尽管宏观经济稳定性不是财政政策和货币政策的主要目标。

宏观经济稳定战略试图减缓商业周期中起伏不定的波动，其主要工具是财政

---

① UNDP, *Post-Conflict Economic Recovery*, xxiii.

政策和货币政策。但财政政策和货币政策的目的并非宏观经济的稳定。财政政策与公共财政管理有关,即征收税款与分配收入。通过设置和调整税率以及转移支付对象,可以实现某些社会和经济目标,如收入再分配。同样,货币政策涉及维持一国货币在国家内部和外部的购买力。达到稳定是这两种政策的辅助功能,只有少数几个国家能够奢侈地运用财政政策和货币政策来实现这一目的。在大多数国家——特别是受冲突折磨的国家,混乱的财政政策和货币政策造成了宏观经济的不稳定,而且它们本身也需要被稳定化。它们需被加以规范、减少任意性并得到适当操控,这就要加强政治信誉和技术能力建设。

宏观经济框架

社会的各个部门都偏好避免商业周期的较大波动。家庭愿意拥有确定的持续就业和收入,企业愿意有稳定的经济环境和稳定的消费收入,因为这有利于规划且能降低风险,特别是对规模大、成本高的投资。决策者偏好稳定的经济环境,因为由此可以相对确定地得出收入和支出规模。一国的贸易伙伴更倾向于经济稳定,因为当一个经济体陷入衰退时,通常其从海外伙伴的进口就会减少;另外,经济动荡会促使一国操纵其货币的汇率。这些都会损害贸易伙伴的利益。总之,每个人都认同要确保宏观经济环境稳定的目标。人们的分歧点在于细节、机制和有效的实施情况与时间选择。

短期 AD/AS 框架

总需求/总供给框架或 AD/AS 模型,对于考虑财政和货币政策问题是个很有帮助的探索性工具,它将许多相关需求方和供给方的变量联系在一起,包括所有参与者(私人的和公共的),整合了国内和国外部门,并在一个可视性表述中同时考虑了短期和长期的情况。图 3.1 描述了一个经济体,纵轴表示经济体中生产出的商品和服务的通货膨胀(百分比形式);在第一条横轴上,经济增长以 GDP

来衡量,同样是用百分比的形式;① 第二条横轴以劳动力百分比来衡量就业率,当该轴反向延伸也即从右向左延伸时,则可表示以劳动力百分比衡量的失业规模。

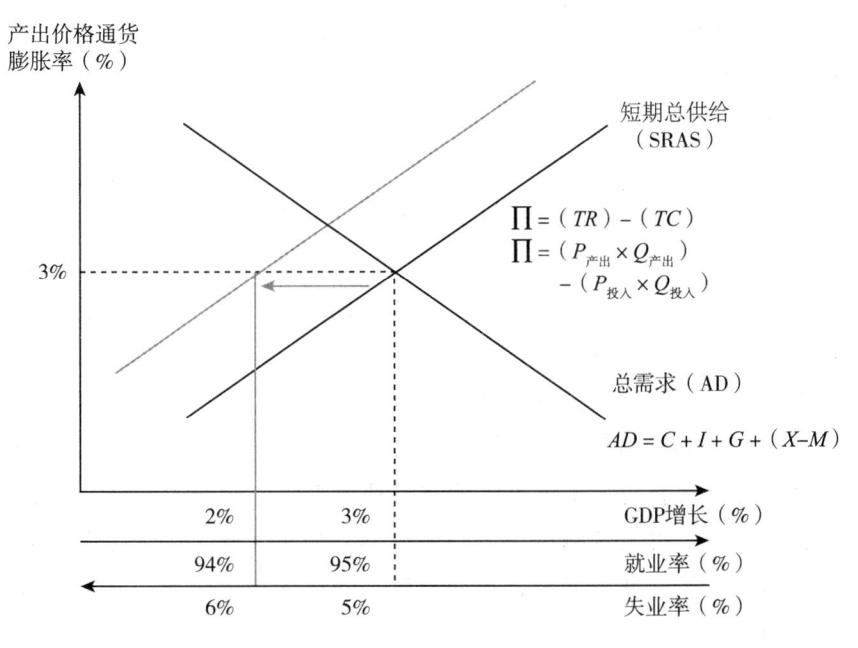

图 3.1 总需求与总供给

图中向右上方倾斜的线被称为短期总供给(SRAS),与之相对,长期总供给(LRAS)指经济体内在的生产能力——基于资产存量进行生产的完全潜能,不管这种能力是得到了有效的运用还是闲置。要了解短期总供给曲线为什么向上倾斜,我们先来考虑黑色的那条短期总供给曲线,并假设经济体中产出价格的通货膨胀率为3%,GDP的增长率也为3%(隐含的就业率为95%,失业率为5%)。商品和服务的供应商经营业务以期赚取利润($\prod$),利润等于总收益(TR)减去总成本(TC)。而总收益(TR)等于收取的价格乘以卖出的产出数量($P_{产出} \times Q_{产出}$),类似地,总成本(TC)等于为原材料和劳动力等支付的价格乘以所需投入的数量($P_{投入} \times Q_{投入}$)。我们稍微放宽假设条件,令投入价格为恒定(不变

---

① 通常教科书上横轴和纵轴所表示的衡量单位不以百分比的形式出现,而是GDP的水平和产出的价格。但是,GDP从一个水平变动到另一个水平可以表示为百分比的变化,平均价格的变化同样也可以这样。因此,虽然我们的图从严格的教科书意义上来说是不正确的,但是出于符合我们利益的目的,对眼前这一问题做出更为清晰的阐述,并不会带来什么危害。

的)。如果出于某种原因产出价格提高,企业就有获取额外利润的机会,因为投入价格恒定,成本上升速度小于收益上升速度。因此,企业就会增加产出,这使得供给曲线向上倾斜。

短期总供给 (SRAR) 指的是厂商根据可观测到的市场价格变化向经济社会供应商品和服务。

长期总供给 (LRAS) 指的是经济体内在的生产能力——基于资产存量进行生产的完全潜能,不管这种能力是得到了有效的运用还是闲置。

如果人们对价格做出相反的假设,那么很可能利润不保。比如,如果投入价格比产出价格增长得快,那么生产相对而言将更昂贵,利润下降,生产者就会在原计划的基础上缩减生产,增长受到抑制。图3.1通过将整条黑色的短期总供给曲线向左移动(从黑色曲线移动到灰色曲线)显示了这种情况。由于产出减少了,我们可从横轴上看出现在的GDP增长率仅为2%,劳动就业率从95%跌至94%,失业率相应地从5%升至6%。投入价格或是生产成本可能会由于合规成本升高、原材料成本升高、劳动力成本升高或运输成本升高而升高;投入价格也会下降,特别是当技术改进降低了每单位产出的生产成本时。在这种情况下,短期总供给的变化使得黑色的短期总供给曲线向右移动。

反馈效应

经济系统中的变化影响了其中的参与者,他们随即改变自己的行为,这又反过来影响了经济系统。在最初产出价格的通货膨胀率恒定、投入价格的通货膨胀率上升较快的情况下(见图3.1),由于利润下降而导致的生产缩减意味着当前对商品和服务的需求不能像以前那样得到满足,买家因此为降低的供应量展开竞争,抬高了产出价格,这反过来也刺激了供给(见图3.2中从黑线表示情形向灰线表示情形的转换)。当这一动态变换再次处于平衡时,经济社会中产出价格的通货膨胀率约为3.5%,GDP增长率约为2.5%,就业率为94.5%,失业率为5.5%。

3 宏观经济稳定与动荡应对

产出价格通货膨胀率（%）

短期总供给（SRAS）

$\Pi = (TR) - (TC)$
$\Pi = (P_{产出} \times Q_{产出}) - (P_{投入} \times Q_{投入})$

3%

总需求（AD）

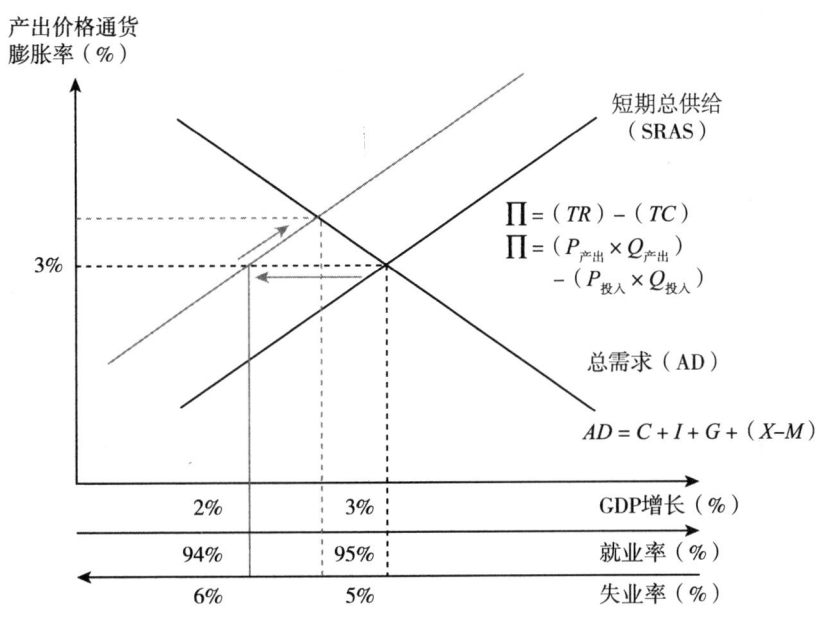

$AD = C + I + G + (X-M)$

2%	3%	GDP增长（%）
94%	95%	就业率（%）
6%	5%	失业率（%）

图 3.2　反馈效应

总需求

如果说短期供给主要是利润以及影响利润的各种收益和成本因素的函数，那么总需求则由各类买家的需求总和构成。在图形中，总需求（AD）被写作一个方程，该方程与第 2 章中的国民收入核算方程相同：C 表示私人家庭的消费，I 表示企业的投资，G 表示国家、省市或区县层次上的政府支出，$(X-M)$ 表示出口减去进口的净值。这里加入出口值是因为它表示了外国对于国内产出品的需求，而减去进口值是因为它反映了由其他经济体实现的需求。由于产出价格的通货膨胀率越低，在国内进行采购的动机更强，因此总需求曲线会向右下方倾斜。

总需求（AD）指的是一个经济体中期望或实际支出的总和。

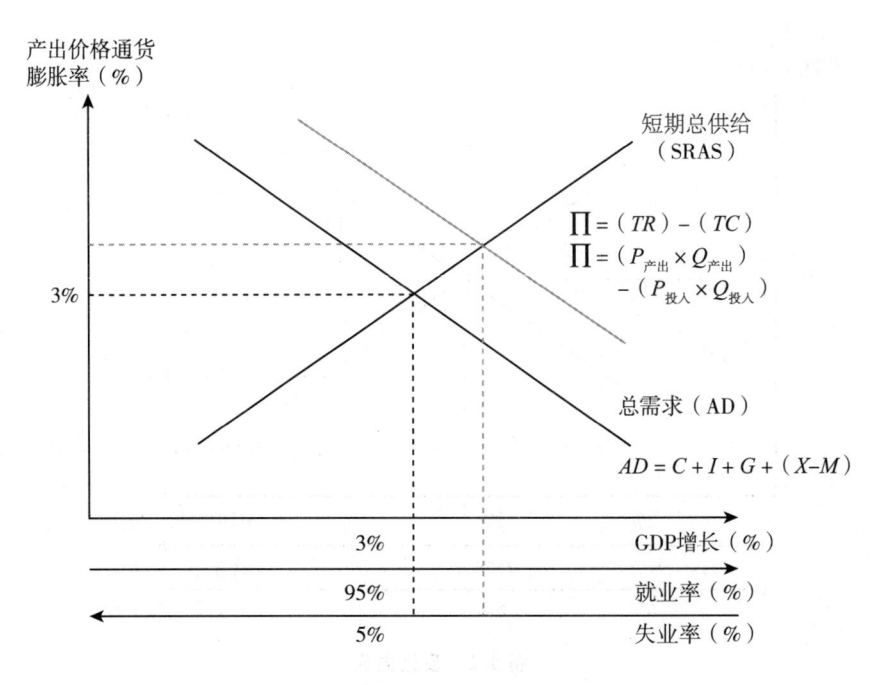

图 3.3　总需求

如果总需求方程右边的某一变量的数值增加，那么左边的数值也会增加，反映出对商品和服务的总需求增加。图3.3通过将黑色的总需求曲线沿表示GDP增长率的横轴向右移动到灰色的总需求曲线展示这一情况。相对于可获得的供给，需求的上升使得购买者展开竞争，最终提高了产出价格。这表示存在获利机会，更多的产出——以及就业，将随之而来。

恰十个变量

宏观经济框架恰涉及十个变量：产出价格、投入价格、使用和生产的数量（投入量与产出量）、GDP、就业、失业、消费、投资、公共部门开支，以及出口减去进口的净值。令人称奇的是，世界上可能发生的任何事情都可通过这些变量中的一个或多个反映出来，随后这些变量将会影响经济系统。如果战争威胁促使人们增加储蓄，那么消费减少将导致总需求沿表示GDP增长率的横轴向左移动。需求减少意味着产出减少，进而意味着增长放缓、就业减少、失业增加，而且由于生产者最终会降低价格吸引剩余的购买者（或者说不会像之前那样提高

价格），产出价格的通货膨胀率也会降低。当其他条件保持不变，消费减少表明储蓄增加。这意味着贷款资金的超额供给将会压低利率，从而激励投资。但是，即使是在低利率水平上，如果厂商也担心战争爆发，他们就会犹豫是否进行借贷。政府可以通过从事与战争相关的生产进行借贷，刺激经济，以此弥补下滑的私人需求；但消费下降的速度往往远快于政府能够做出反应和收拾残局的速度，因此很有可能出现经济增速放缓或经济衰退的情况。当然，筹备战争所需并非稳定经济的理想选择。

宏观经济目标

总需求/总供给框架这一简单方便的工具可以将宏观经济系统作为一个整体，迅速地展示其中的起因、压力、动态变化和后果。在这样一张图中，它刻画了第1章列出的五个宏观经济目标。在纵轴方向上，它就实现低通货膨胀率的目标给出了相关信息；在横轴方向上，它表明了（可持续的）GDP 和 GDP 增长的长期目标，以及可以反映劳动力和资本资源的就业和失业情况。经济系统沿横轴的往复运动描述了商业周期的有关情况，并能说明这些周期是平稳的还是波动的。由于进口和出口在某种程度上取决于其他国家的经济条件和政策规定，它甚至可以捕捉到对不同政治辖区之间的全球经济政策协调需求（见第4章）。然而，这一框架并未提出收入分配或发展目标（第1章）。

冲突后的恢复与重建

一个经济体在供给方面存在着固有的限制，低于这一限制，则其生产能力得不到充分利用；高于这一限制，则其将会精疲力竭。正常情况下，扣除产出价格通货膨胀率的净增长，预计一个经济体每年会增长3%，这也是它固有的长期经济增长能力。当出现需求不足或对供给方投入价格的冲击，以致每年的经济增长降为2%，那么此时如果没有公共部门提供补偿性需求的话，额外的劳动力失业率以及闲置的资本资源最终将迫使工人接受较低的工资（或较低的工资增长），从而增加获利机会，并使供给移动到其初始位置上，最后，经济恢复了每年3%的增长率。如果当局判断调整过程过长，而在此期间资源处于闲置状态，那么政府可以尝试通过增加政府支出人为地刺激经济，经济体的增长率、就业率和失业

率将回复到其正常的长期固有能力上，但这种人为刺激的代价是通货膨胀率随之升高。就整体而言，私人部门对供给方的自我修复优于公共部门的人为干预。然而，在饱受冲突蹂躏的那些国家中，私人部门不愿进行投资，而是等待公共部门首先行动。这产生了一种双向压力：当私人经济活动不景气时，税收往往很低而公共部门支出的需求很高，因此财政赤字和公共部门的总负债可能会增加。只要该国能从外国借债且这种债务并不重，那么此时的情形尚且可以接受；但在某种程度上，该债务是否会变得过于繁重取决于公共部门对赤字开支的控制，也就是说，取决于其能否使私人部门完全地投入到经济运行中，如果答案是肯定的，那么税收将会增加，而对公共支出的需求将会下降，由此公共部门就能够及时偿清债务（见下文）。

长期与短期

经济学家很难对一个经济体的长期增长能力进行定位。决策者们应该把年增长率定为2%还是3%，抑或是其他？实际操作中，经济学家通常使用一个经济体在过去几十年中的增长记录得出平均增长率，并将该平均值设定为这个经济体潜在的年增长率限度。对于饱受冲突蹂躏的国家，尤其是那些经历了数十年武装冲突的新兴国家，用这种标准来衡量是不正确的。在进入到一种相对稳定的增长模式之前，依靠剩余的资本存量，这些国家的经济增长速率很可能会在初期大幅提高。暴力中经济崩溃的情况以及暴力后快速增长的情况都表明，经济增长率的变化范围是很大的。

但是，没有一个标尺并不意味着设定一个目标是错误的。如果没有一个经济增长目标，决策者们就可能会过于谨小慎微，比如说，当可以取得3%的增长率时，他们却满足于2%的增长率，或者他们可能在经济体潜在增长限度为2%时，将目标定为3%。造成这两种情况的原因都是不知道增长限度为多少。无论是持续的过度刺激还是过于谨慎，都会使经济体脱离正常运行的轨道，并使社会再次陷入战争之中。

3 宏观经济稳定与动荡应对

财政政策：胁迫下的治理

目的

　　财政政策关注公共部门是如何提高收入并花费收入的，它不是一个危机管理工具，它的主要功能是促进社会有序发展、提高社会福祉，即社会经济的增长以及持续改善。通常，这会通过一种双管齐下的途径来实现：一方面，它提供能够刺激私人部门的有利环境或条件；另一方面，它为那些无法自我维护的人提供经济安全。尽管有时是必需的，但将财政资源用于维持宏观经济稳定却是一种成本巨大的干扰。[①] 这就是为什么理想情况下，财政政策可创造出足够强大以致无须稳定性的经济环境，就像积累资产比为了获取收入而剥离资产要好，防止突发事件也比在其发生后向它们投入资源要好。

　　财政政策关注公共部门如何提高收入和花费收入。

收入

　　政府可从多种渠道筹集资金，它可以对个人和企业的收入及利润、进出口、国内消费和旅游者消费，以及香烟之类的特定产品征税，它也可以通过直接出售自然资源财富来提高收入，如获取石油出口收入（自然资源租金），或者通过向国内外公司授予自然资源开采许可证来提高收入。政府可对公共服务收取费用，从驾驶执照和护照费到国家公园的门票费，由此在国家、省、市层面或复合层面上进一步增加收入。政府可以通过发行货币（铸币税）筹资，通过消耗外汇储备筹资，通过向国内外——要么向私人金融机构，要么向双边或多边贷款人——借贷筹资，政府还可直接接受发展或军事援助形式的赠款。很多发展中国家的收入都主要依赖于自然资源租金。这意味着某一特定经济部门承受了不成比例的负担——但通常也被赋予了不成比例的政治影响，而其他部门对财政收入的贡献则

[①] 例如，政府支出数亿美元去控制2009年的全球经济危机，这将成为未来纳税人的税收责任。早期的识别、干预和预防会使纳税人和受影响群体的支付较少。

要少得多。同样，公共支出政策对特定部门的影响要比其他部门大得多，例如教育、农业或交通基础建设，因此宏观经济目标与部门目标及区域目标相互交织。

税收体系

对经济学家来说，好的税收体系要满足五条标准。一是管理和执行成本低，或者说管理简单化。二是具备灵活性，可以迅速适应不断变化的经济与政治环境。三是具备透明度和政治上的责任制。四是具备收入群体之间的公平性。五是能够提高经济效率，且不扭曲经济努力。过高的税率会导致避税（人们少从事应纳税的工作）和逃税（不申报收入或迁移到征税较低的司法管辖区）。如果人们感觉到对资本征收的税过重，那么资本市场可能会效率低下。同样道理，对于那些人们不愿从事的经济活动征收较少的税，甚至是进行补贴，则能够激励这些活动维持下去而不减少。适当的税收可以缓解机动车造成的不良环境影响。同样，若是直接补贴某些产品类别，如燃料或食品，这样则会扭曲经济系统。这对于保护弱势群体或维持和平可能是必要的，尽管它也可能给供给方和需求方带来巨大的既得利益。

关于公平，税收体系应显示出横向公平和纵向公平。横向公平意味着在各个方面都相等的人在税收上也应得到同样的对待，在税法中，已婚夫妇不应被与其他情况相等的未婚夫妇区别对待。纵向公平意味着那些能够承担更多税赋的人应该缴纳更多的税。这就带来了一个确定收入等级以及相应税率的政治问题。一些经济学家认为，由于收入是人们对社会做出贡献的回报，因此它根本就不该被征税；相反，消费应该可以通过销售税或增值税的方式被征税。这种做法具有有益的副作用，即能够鼓励储蓄，并为投资和未来的增长提供大量可借贷资金。这也简化了税收体系，降低了征税的管理成本，并限制了腐败的机会。为了保护特定人群免遭困苦，国家可以选择豁免某些类别消费品的税项，例如食品和药品。

横向税收公平：在各个方面都相等的人在税收上也应得到同样对待的情况。**纵向税收公平**：那些能够承担更多税赋的人应该缴纳更多的税的情况。

理想的税收规范并不是一夜之间就能建成，尤其是在受冲突影响的社会中，建立运作良好的税收管理体系需要数年时间。因此，一些国家将提高收入的努力集中在容易征税的领域，例如出口部门，但不平等的税收负担会引起逃税行为，并由此带来因腐败导致的国家政权颠覆的危险。重建并选取广泛、社会范围内税

基的实际困难不应被低估。实现这一目标可能需要投入长期的培训以及对能力重建的资助。

债务

很多发展中国家和新兴国家，尤其是那些正从冲突中复苏的国家发现，对资源的需求远远超出了可用的资源，由此造成的预算赤字迫使政府发行过量的货币，人为地导致经济体通货膨胀；或者迫使政府背上不可持续的国内或国外债务负担。如果经济增长产生足够的收入来支付债务，那么这一债务或许可以永远持续下去，政府和公司一样，可以背负永久债务；但是不可持续的债务必须减少。这可通过三种方式实现：第一，通过直接接受债务豁免（赠款）；第二，通过增加公共收入并将多余的资源用来加大偿债（还本付息）力度；第三，通过减少公共支出，并将节省下来的资金用于偿付债务。如前所述，现在人们普遍认同，既不能通过减少促进增长框架条件的合理支出来削减开支，也不能通过减少扶贫来削减开支。如果举债，那么所得资金必须集中用在能够产生最高长期社会回报的方面。公共支出的构成或许比它的规模更重要。

没有几个国家公共部门的会计系统能够正确测量年度赤字和积累的债务。从概念上来说，对于私人家庭、企业和政府，正确的方式不是去关注收入减去支出，而是关注资产减去负债，或者说政府的资产净值。当借债融资建造海港时，由借款引起的负债是由港口的资产来平衡。港口自身会产生收入，并通过刺激经济增长带来更多的税收，因此欠下的债务可以得到偿还。然而实际上，很多政府预算中包括的偿债条目与基础资产并无关联，所以我们无法评估资产能否偿付其成本。在饱受战争蹂躏的国家，诸如港口之类的资产经常要承受被迫停业带来的损失，并时常遭到破坏，偿债的延迟或者根本无力偿债应被计作战争成本的一部分。

将财政政策作为维持宏观经济稳定的一种工具，要求政府能够提供可自由支配的开支，或放弃收税以给私人部门留出更多的开支能力。这能在衰退期对经济体起到支持作用。①然而在现实中，发展中国家特别是受暴力困扰的那些国家，

---

① 另外，在经济体增长过快时，政府可以通过提高税率或削减开支来抑制经济。但是，只要产出价格的通货膨胀处于控制之中，且不会引发社会不平等，那么经济快速增长几乎从未被视为一个问题。

很少能拥有可自由支配资金或足以放弃税收的安逸,从全球资源获得资金的需求是不可避免的。过去,这些都加重了不可持续债务的水平,因此近年来,利率极低的贷款、债务减免、债务豁免以及直接赠款在受暴力困扰国家的财政事务中变得越来越重要。这体现了财政政策的一种两分方法,从自身利益出发设计、实施、坚持稳健的财政管理实践,并以一种无负担的形式通过海外援助来满足其余的需求,其长期目标——超过10年或20年的时间,是从依靠海外援助到逐渐脱离,再到最终独立于海外援助,来实现充分的经济增长。

公共支出政策与管理

公共支出政策的目标是维持整体财政纪律,不断进行收入约束框架内的支出优先级评估以及提高运作效率。正如世界银行所指出的:

> 不论是从实践还是理论的角度来说,这三个层面的相互依存关系都是最有力的发现之一。对于总体财政纪律的追求通常以这样一种方式实现,破坏……表现——肆意地排列优先级,更为普遍地破坏服务交付和运营状况。同样,战略政策制定中纪律的缺乏和预算的现实主义会导致政策与资源之间的不匹配,从而使得运作资金不足。可以肯定,财政稳定能创造出一个激励良好……表现的环境;反过来,良好的表现……能反馈到财政稳定中。①

世界银行列出了一系列适用于受冲突困扰国家以及其他任何国家的预算和财务管理标准。一是具有全面性和决策纪律,意味着经常项目和资本支出要合理预算。二是具有灵活性,避免实施过于严格而战略过于宽松。三是具有合法性,以便那些有权在政策实施过程中修改政策的人参与到政策规划中。四是能够预见支出流量的短期、中期和长期路径。五是具有可争议性、真实度和信息,从而能在政治上和技术上公正地使用准确及时的数据,为支出审查、评价以及潜在的政策变化做出贡献。六是对决策者和公众公开透明,以及决策者、决策执行者和公共资金使用者的责任制。②

---

① World Bank, *Public Expenditure Management Handbook* (Washington, DC: World Bank, 1998), 3, http://siteresources.worldbank.org/INTPEAM/Resources/pem98.pdf.

② 参见 World Bank, *Public Expenditure*。

国外援助

关于国外援助，目前的共识是反对援助资金在战争一结束就立刻达到峰值，因为此时社会的吸收能力仍然有限；相反，能力的重建是被需要且援助的峰值在战争结束3～5年后实现，此时冲突后国家吸收援助资金的制度性能力已经得到重建。在对刚果民主共和国（DRC）的一项研究中，来自国际货币基金组织的作者写道："我们发现，在非常多的情况下，对冲突后国家的国际援助似乎在和平协议达成不久后就逐渐减少。而实际上，冲突后国家需要适当的、长期的援助来巩固和平，避免冲突重现。"[1]事实表明，立即支持社会恢复比支持重建与稳定更为重要、更为有效，因为忽视社会迫切应优先考虑的问题，会导致不满从而再次引起暴力。因此，稳定是一个中期目标，而资产的重组与重建是一个长期目标，财政政策和财政援助必须适应这种次序与平衡。在实际中，这涉及在时间安排上相互重叠的不同途径的援助。

德莫卡斯、麦克休和科斯玛（Demekas, McHughh & Kosma）的研究发现，"虽然人道主义和重建援助都能提升社会福利，但是人道主义援助会削减长期的资本积累和增长；相反，重建援助可能会增加长期的资本存量，而且如果精心设计，还能避免荷兰病陷阱。"[2]这表明，援助需要有目的性，并分阶段实施。重建援助包括对无形资产的援助，特别是机构建设；重建法律和监管体系、司法和监督机构，税收制度和行政管理，以及重建地区贸易联系。除了人道主义和重建援助，在持续的基础上政府总预算支持援助可能也是必要的，以重建、加强和支持正在进行的政府政策与管理工作。21世纪初，国际货币基金组织对刚果民主共和国的研究明确辨析了经济与政治之间的联系，并指出，援助设计——环境、目标、规模、时间表及其构成，必须考虑到这一关系：

> 三个主要阶段——稳定、重建和发展，被明确规定下来，且随后被列入了国家减贫战略。稳定阶段力争消除最严重的扭曲现象，打破恶性通货膨胀与货

---

[1] IMF, "Democratic Republic of the Congo: Lessons from the Ashes of Conflict", *IMF Survey* 34, No. 4 (March 2005), 61.

[2] D. G. Demekas, J. McHugh, and T. Kosma, "The Economics of Post Conflict Aid", IMF working paper no. WP/02/198, International Monetary Fund, Washington, DC, 2002, 1. "荷兰病"指的是大量外国援助的涌入会使本币升值，并导致受援国在外国市场上的出口价格高昂，丧失竞争力。

币不断贬值的恶性循环。应将及时支付公务员及军人工资作为优先事项，以此化解社会紧张，重建人们对公共管理的信心。与此同时，在世界银行的帮助下，包括财政部和中央银行关键部门的行政能力需要得到支持。重建缺失的行政能力是个漫长的过程，因为很多公务员在战争中牺牲了，培养代替者需要时间，这强调了延长外国援助时间的重要性。同时，私人部门公平竞争的基础也要落实到位。①

后者包括对于重组具有高度影响力的经济部门——在刚果（金）的案例中，也即采矿业、林业和交通运输业援助的排列次序。因此，援助应该怎样安排时间、排列次序以及怎样落实，有时与创造吸收能力的事项一样重要。

溢出

近期研究的另一个发现——惊人得几乎足以立即改变援助政策，是战争能够产生溢出效应，其对邻国有着极大的负面影响，以致这些邻国也需要财政援助。② 图3.4给出了哥斯达黎加1950～1980年按通货膨胀和购买力调整后的人均GDP，和一个到2009年及之后的线性投影；③ 1981～2009年的实际记录也在图中画出。失落的80年代——在此期间哥斯达黎加的邻国萨尔瓦多、危地马拉、洪都拉斯、尼加拉瓜都被卷入到内战之中，这段时间的预测结果与实际结果相差十分明显。在哥斯达黎加时任总统奥斯卡·阿里亚斯的斡旋下，和平协议于90年代初期得以签订，之后该国经济重新开始增长。不过，根据1950～1980年的数据，在2009年，该国人均产出依然未达其预测水平。和它处于战乱中的邻国一样，哥斯达黎加遭受了长达30年的经济损失，尽管它并未发生战争。1981～2009年间实际人均GDP与其预测值的差距累计高达65062国际美元，这是该国2009年人均收入的8倍——一个巨大的损失。

有时这种连锁或溢出效应对邻国的影响比战乱国自身受到的影响还要大。其原因有很多，包括需要应对可能多达上百万的难民、贸易路径和市场的中断、环

---

① "Democratic Republic of the Congo", 61–62.

② 参见 J. Murdoch and T. Sandler, "Civil Wars and Economic Growth: A Regional Comparison", *Defence and Peace Economics*, 13, No. 6 (2002), 451–64; I. Saleyhan and K. S. Gleditsch, "Refugees and the Spread of Civil War", *International Organization*, 60 (2006), 335–66; 以及其中引用的文献。

③ 从统计学上讲，一个向上倾斜的指数函数或一个二阶多项式函数都能更好地拟合数据，但目测来看，这两个函数明显对数据拟合得过于好了。

按通货膨胀、人口与
购买力平价调整后的人均GDP
（国际美元，基年为2005年）

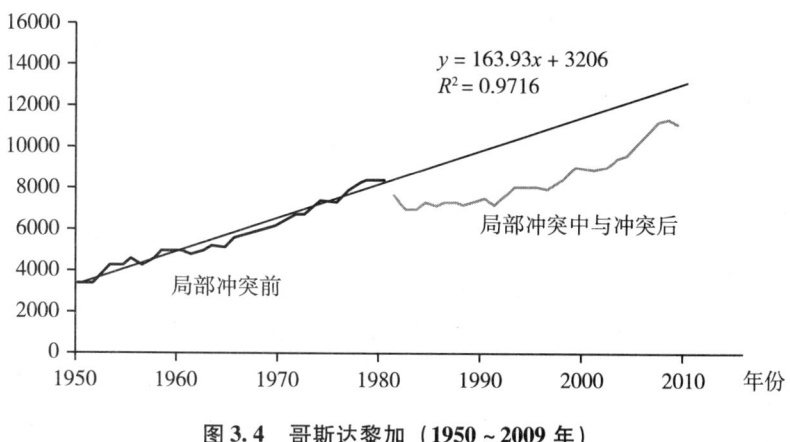

$y = 163.93x + 3206$
$R^2 = 0.9716$

局部冲突中与冲突后

局部冲突前

图 3.4　哥斯达黎加（1950~2009 年）

资料来源：Penn World Tabel 7.

境压力、旅游收入损失，以及用以防卫边境地区和保护难民营地的更高的安全支出，所有这些都会造成财政影响。

货币政策：冲突世界的功能错乱

货币政策涉及一国货币的内部和外部价值，即通货膨胀和货币的外汇价值，以及利率的决定和一国银行系统的管理和监督。中央银行是最主要的机构，而其主要工具包括影响货币供给量，即经济体中可用来进行交易的货币量。尽管这两者难以分离，但在这一部分中我们主要探讨（简洁地）货币政策在国内的一些方面，并在第 4 章中解决（更广泛地）与外汇相关的一些问题，比如汇率机制和制度、货币估值等其他问题。

货币政策机制

货币政策涉及一国货币的内部和外部（外汇）价值、利率的决定，以及一国银行系统的管理和监督。

理解教科书中货币政策的目的和机制，对鉴别战后情况下一些货币政策的陷阱是很有帮助的。假设一家商业银行向一家私人企业提供了一笔贷款，企业得到了资金，银行则持有企业签署的承诺还款的合同。这一合同或票据，可以出售给中央银行，那么此时该企业就欠央行的钱，央行可以选择通过印发钞票来向商业银行支付购买票据的钱，然后商业银行可以获取这些新的资金并将它们贷给其他客户，从而央行通过向商业银行购买票据，往经济体中注入了更多的资金。同样，政府可通过向国内金融市场借款，即向商业银行和投资银行借款，来为预算赤字融资。中央银行可以购买这些票据，再次向经济体中注入更多的资金。在现实中，中央银行更倾向于购买政府发行的债券而非商业债券，这意味着——或许很奇怪——政府的一只手在购买另一只手（行政部门）发行的债务。央行由此将政府债务货币化。央行购买的债务越多，商业银行能够贷出的潜在资金越多。由于商业银行都是以营利为目的的企业，可用于贷款的资金量很大，将导致它们降低贷款利率，以此相互竞争，争夺借款客户。只要进行日常经济交易所需的货币（货币需求）稳定，中央银行增加的货币供给就会使利率下降，并刺激私人家庭和商业企业来借更多的钱。由于借款的目的是花费借来的资金，因此增加货币供给会从经济体的总需求方面增进经济活动和就业。如果企业借钱来进行投资以提高生产力、扩大业务规模，那么经济体的供给方也受到了影响。结合起来的效果就是就业率和经济增长率提升，而通货膨胀率由于促进生产力提高的物质性投资增加而受到抑制。

然而这一机制需要有一个根深蒂固的、运作良好的私人金融市场，政策制定与政策执行，以及平稳的、易于预测的私人部门的反应之间近乎完美的衔接。在战后经济中，这三者往往都是缺乏的。

再说长期和短期

货币政策或许能在短期内刺激并支撑经济增长，但它并不能替代独立的长期增长政策。为说明这一点，我们引入——如同在第 2 章中那样，一个会计等式，从中我们得到货币数量论，一个关于经济体中的货币量如何影响其他经济变量的理论。这个等式可以写为等式（1）：$P \times Q = M \times V$，其中，左式中的 P 表示经济中的价格水平，Q 表示按通货膨胀调整后的或实际的 GDP。它们相乘就得到了名义 GDP，我们称之为 Y（见第 2 章）。右式中的 M 表示货币供给，V 表示速率或者货币的周转率。我们可以认为 $M \times V$ 是一国的有效货币供给，即货币供应量乘以每单位货币使用的频率。

货币数量论认为，货币供给的过度增长最终会导致相应的通货膨胀率提高。

我们来进一步做出解释。2010 年美国的名义 GDP（Y）——生产出的商品和服务的价值是 146602 亿美元，我们可以将其分解为 1.10654 的价格水平（P）以及 132487 亿美元的实际 GDP（Q）。① 但是用来购买这些商品和服务的货币的量（M）——支票账户和储蓄账户中可用的现金和资金，按照一种测算仅为 86293 亿美元。这意味着平均每 1 美元必须被用 1.69 次，也就是货币的周转率（V）。这是有道理的，因为当一个人使用他或她的薪水购买杂货时，商店会将这些钱存起来，然后通过支付雇员工资使得这些钱再次流通，转而这些雇员也会进行消费。因此，每 1 美元都被用了好几次。现金周转得非常频繁，支票账户里的钱或多或少周转得慢一点，而储蓄账户里的钱就周转得更慢一些。事实表明，不同国家的货币周转率（V）是不一样的，一国内部不同年份的周转率则相对稳定。出于实用的目的，V 可以被看做是恒定的，并记作 V^*。

为方便起见，我们在下面的例子中对数值约整。令 $P=1.1$，$Q=14.7$，$M=8.6$，$V=1.9$。如果周转率（V^*）是恒定的，那么假定第二个变量也是恒定的，第一个方程现在可以被重新写成两种形式。第一种形式是将方程（1）左式中的 Q 移到右式，这样我们得到方程（2）：$P^*=(M\times V^*)/Q$。用语言表述即是，有效货币供给除以一国的实际产出，等于价格水平。现在，我们假设货币供给（M）从 8.6 万亿美元变为（比方说）9.6 万亿美元，价格水平和周转率则保持不变。将数值带入到方程（2）中，我们有 $1.1^*=(9.6\times 1.9^*)/Q$，这意味着名义 GDP（$Q$）增至 16.6 万亿美元。换句话说，增加货币供给刺激人们购买更多的商品和服务，因此要生产更多的商品和服务。更多的产出需要劳动力和资本工作更长的时间。收入增加了，而与此同时，总体就业水平也提高了。

但是，在店主要求制造商增加产出或在制造商增加产出之前，店主可能会试图提高产出价格以应对喷涌而来的需求。为了模拟所有新货币都只出现在更高价格中的极端情况，我们再次变换第一个方程，得出方程（3）：$Q^*=(M\times V^*)/P$。我们再次用约整数替代并得到 $14.7^*=(9.6\times 1.9^*)/P$。要使方程成立，价格水平须从 1.1 提升至 1.2。换句话说，当经济体的供给能力受到限制时，多余的货币就以产出价格通货膨胀的形式出现了。

---

① 1.10654 的价格水平意味着 2010 年的价格比基准年份（2005 年）的价格高了 10.654%。

和平经济学

总之，短期中，在供应商注意到有更多的钱在追逐商品之前，经济体中额外资金的注入能够刺激 GDP。但是经济体长期的潜在增长能力受其资产基础的限制，因此在长期中 GDP 的年增长率是恒定的，正如方程（3）所示。所以，货币的增加会导致相应的价格水平上升。随着时间推移，印发并向经济体中注入货币将会带来更严重的通货膨胀，而非更多的产出。就像润滑剂本身并不会使发动机运转，货币本身也不会使经济增长。① 这就是为什么政策制定者想要将货币创造维持在严格的控制中：如果不这样做的话，后果将非常可怕。在长期中，改善人民生活的是资产及其生产力，而不是财政政策和货币政策。这再次印证了需在长期增长政策的目标下坚决实施稳定性政策。

功能失调

在受暴力困扰的国家中，货币的崩溃以及随之而来的货币政策的崩溃，很容易由那些国民在战争期间及战后使用其他替代性货币国家的数量来证明。东帝汶采用美元作为其官方货币，萨尔瓦多也一样。2003 年后，伊拉克先是使用欧元和美元，然后才最终发行了新第纳尔。在暴力结束后发行新货币是一种普遍做法："二战"后德国的帝国马克变为了德国马克。阿根廷和巴西在其军事独裁及随后的几年中都曾重新印发货币，因为它们都试图重建稳定、可信的货币和金融市场。科索沃在转为使用欧元（与德国一起）之前用的是德国马克。黑山和其他由南斯拉夫分裂出的国家也使用欧元，无论这些国家是否加入了欧盟。津巴布韦使用了一系列替代货币，包括博茨瓦纳普拉、英镑、欧元、美元和南非兰特——除了津巴布韦元之外的任何货币。使用替代货币的主要原因是战争与通货膨胀往往一起到来，贬低了货币作为价值贮存手段的功能。在津巴布韦，截至 2008 年第三季度，年度通货膨胀率超过百分之 5000 亿。② 该国的私人金融部门崩溃了。从本质上讲，一个由私人管理的并行公共货币体系产生了。该国既不存在运作良好的从银行到客户的市场，也不存在运作良好的从银行到银行（银行同业拆放）的市场。在诸如阿富汗或哥伦比亚部分非法的经济体中，大量金钱

---

① 我们有另一个选择，即方程（4）：$M^* = (P \times Q)/V^*$。在这里，假定货币量和周转率是恒定的（M^*；V^*）。价格的上升必然以产出的降低为代价；反之亦然。

② International Monetary Fund, "Zimbabwe", *Country Report* No. 09/139, Washington, DC, 2009.

通过非正规渠道流动，它们绕过正规私人金融机构，且不受公共政策的影响。暴力破坏了那些作为一般货币目的和机制的基础政策假设。

重建与协调

战后，财政政策可能需要重建国家部委和省级办事处的物质设施及行政机构，包括专门人才的能力建设。相比之下，货币政策体制重建一般涉及的人员和物质设施较少。然而，货币政策制定者需处理的问题极其重要，并包含很多方面，其中有重建中央银行，恢复国内公信力，重建内部及外部的银行和支付系统，重建银行监管系统，重新提供信贷，特别是微型、中小型企业（SME）的贷款获得，控制暴力冲突时期通常会存在的高通胀率，以及应对由此引致的外汇市场上的本币贬值。一般运作正常的发达国家会明智而审慎地将财政政策和货币政策分离开来，以进行独立的政策判断和实施；与它们不同，在战后新兴国家以及发展中国家中，货币政策和财政政策应密切协调，服从政治制定的就业与增长目标，在一段时间后货币政策和财政政策才转型独立发挥作用。最初，货币政策在追求降低通胀率的目标时应更加宽容，以支撑就业和增长目标，并在一个商定但可信的时间框架内分阶段降低通货膨胀率。①

机 构 与 政 策

除了国内机构，世界银行及国际货币基金组织在财政政策和货币政策形成过程中也要发挥自身作用。在 1973～1974 年第一次全球石油价格冲击之后，许多发展中国家和新兴经济体的国内经济管理失控，外贸、债务和汇率环境非常恶劣。国际货币基金组织提供与国际收支平衡相关的短期金融援助，但条件是受援国的经济政策要以特定的方式进行改变。这一条件——在某种程度上是为了确保那些国家能够偿还从别的成员国借来的资金——受到了很多批评。简言之，自70 年代中期到 80 年代中期，国际货币基金组织向有特别需要的低收入成员国提

---

① G. del Castillo, *Rebuilding War-Torn States*: *The Challenge of Post-Conflict Economic Reconstruction*（Oxford: Oxford University Press, 2008）, 281; UNDP, *Post-Conflict Economic Recovery*, xxiii.

供优惠贷款资金，这是通过一个名为信托基金的贷款工具进行操作的。信托基金于1986年3月被结构调整贷款（SAF）取代，随后又在1987年12月被加强的结构调整贷款（ESAF）取代。1996年9月，结构调整贷款（ESAF）被指定为一个永久性贷款工具，并在1999年11月被国际货币基金组织的减贫与增长贷款（PRGF）所取代。

  短期宏观经济稳定可能会并在以往经常会伴有巨大的经济创痛。过去，结构调整计划（SAP）是通过削减中央政府预算、提高税收等收入来施行的，其目的是减少政府预算赤字。这降低了不可持续借款的需求或通胀性钞票印发。该规划涵盖了在外汇市场上正确评估本币价值的需求，以及改善宏观经济政策以使私人投资者有信心再次将钱投入到社会中的需求。有人认为，这些措施可能会降低经济增长，增加经济混乱、失业和贫困。这种观点从短期来看或许是正确的，但从中期来看就不正确了，世界货币基金组织往往会在中期评估成功还是失败。在2011年的希腊金融和政治危机中，要想获得已经核准的金融援助款项的实际发放，希腊政府需按照欧元区国家和国际货币基金组织的要求对预算进行相当大的调整，而这需要希腊议会通过并最终获得国民的认可。和其他方面一样，这正在引发关于未来收入或其他税务责任再分配的争端，抑或是关于利益与福利的削减，即穷人或缺乏政治话语权的人可能会承担更多份额的争端。

  国际货币基金组织反驳了大规模的、无差别的批评，但也承认了其强制性政策的负面影响。到了20世纪90年代后期，这种认识促使国际货币基金组织要求政府不占用教育和医疗保健方面的社会支出，甚至增加此方面的支出。在某些情况下，这一条款被写进制约性协议。即便如此，在许多情况下，穷人仍然饱受苦难。国际货币基金组织因此同意与世界银行和公民社会展开更加紧密的合作，以期更好地保护弱势群体；减贫与增长贷款也由此被引入。

  2009年，减贫与增长贷款转变成为有三个贷款工具的减贫与增长基金（PRGT）。就"为有长期国际收支平衡问题的国家提供金融援助"的意义而言，扩展信托贷款（ECF）是减贫与增长贷款的直接延续，但它具有自身的重要特征，即"由扩展信托贷款支持的项目应以本国自身的发展战略为基础，旨在保障社会目标的实现"。① 因此，国际货币基金组织的援助计划历经了三个阶段的发展，

---

  ① 参见 International Monetary Fund, "IMF Extended Credit Facility", factsheet, http://www.imf.org/external/np/exr/facts/ecf.htm。

从对那些别无选择只能接受贫穷的国家强加条件，到设定能够反映世界银行和公民社会的关注——特别是在减贫方面的软条件，再到今天以低收入国家自己对减贫和增长的观点作为设定条件的基础。在这里，国际货币基金组织强调广泛的公众参与，以及受影响国家对减贫战略的所有权。只要宏观经济稳定性不受威胁，受援国就可以灵活选择实现减贫和增长目标的方式。国际货币基金组织还从公共资源管理、透明度和责任性方面强调了良好的治理。

失败与成功：两个案例研究

失败及其比较：津巴布韦和博茨瓦纳

图3.5对博茨瓦纳和津巴布韦的按通货膨胀和购买力平价调整后的人均GDP和GDP中的人均消费水平进行了比较。博茨瓦纳于1966年成为一个独立的国家。同年，津巴布韦发生了反对白人统治、争取解放的罗得西亚内战。这场战争一直持续到1979年，1980年津巴布韦宣告独立。除去20世纪90年代早期到中期南非取消种族隔离时的一些艰难时期，以及2009年全球金融危机的冲击，图3.5显示，博茨瓦纳的人均经济产出增长了15倍，从1960年的578国际美元变为2009年的8872国际美元。消费增长得更为平缓，大约是原来的8倍，从492国际美元增至4126国际美元。

在津巴布韦独立后的几年中，罗伯特·穆加贝（Robert Mugabe）总统逐渐镇压了参与凶残运动的白人及其黑人反对者，并卷入了刚果民主共和国的血腥战争（1998~2002年）。津巴布韦的人均经济产出——开始时比博茨瓦纳的要低，下跌了近一半，自1960年的280国际美元变为2009年的143国际美元，消费也出现了同样的状况。过去10年中有7年，该国经济均为负增长。截至2008年末，据称该国的通货膨胀率高达百分之500万兆——这一单位相当于1的后面加18个零。2001年1月，该国中央银行发行了面值为100万亿津巴布韦币的钞票。

在津巴布韦，艾滋病的患病率很高，这一区域的平均寿命都骤然减短；尽管博茨瓦纳人均预期寿命接近60岁，但现在博茨瓦纳和津巴布韦的平均寿命均低于40岁。不过，津巴布韦人已成群结队地逃离了他们的国家。那些曾经使津巴布韦成为该地区粮仓的白人农民，几年前被驱逐出境了。数以万计的黑人也随之

按通货膨胀、人口与购买力平价调整后的人均GDP和消费
（国际美元，基年为2005年）

按通货膨胀、人口与购买力平价调整后的人均GDP和消费
（国际美元，基年为2005年）

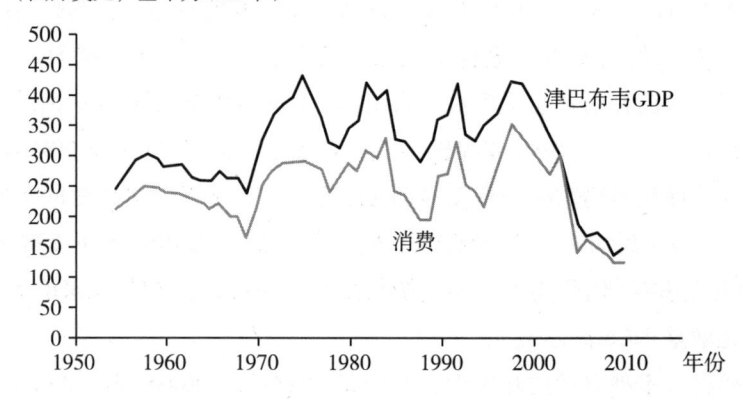

图 3.5　博茨瓦纳（1960～2009 年）和津巴布韦（1954～2009 年）

资料来源：Penn World Table 7.

离开，他们较多都去了博茨瓦纳。

　　博茨瓦纳的经济以矿物（钻石、铜、镍和铂）为基础。出口占到了 GDP 的一半（非钻石出口占 20%，钻石出口占 30%），但是非矿产部门的 GDP 增长率比以矿产为基础的 GDP 增长率要高，这表明该国经济正日趋多样化，过去几年中的通货膨胀率在 5%～10% 的范围内变动，可以说是相对温和的。政府的财政状况良好，银行系统健全。经济社会中的私人投资很高，国家用以支持进口需求的外汇储备也很高。尽管该国失业率、贫困率以及收入分配不平等程度较高，但世界银行依然将博茨瓦纳划分为中上等收入国家。

相比之下，津巴布韦是一个完全崩溃的国家，几乎再也没有人使用津巴布韦币从事商业活动。这一经济体或者说其剩余部分在使用替代货币运行，尤其是南非兰特和美元。出于实际考虑，私人银行已经停业，政府债务高的出奇，而外汇储备接近于零。私有财产权得不到有效保护，法治缺位，无人在该国投资。2/3的人处于贫困之中，将近一半的人营养不良，婴儿死亡率和产妇分娩时的死亡率不断上升。政府总收入暴跌，2005年其值为94200万美元，到2008年，据估测仅为13300万美元。

造成两国经济表现差异的原因很容易识别。津巴布韦没有一个正常运作的政治体系，而博茨瓦纳有。尽管像近期日本一样，一个党派几乎赢取了全国所有的竞选，博茨瓦纳的选举是自由且非暴力竞争的。当它们到来的时候，津巴布韦的后穆加贝时代可能会是灾难性的。但或许博茨瓦纳的例子可以激励其进行模仿。毕竟，津巴布韦也被赋予了同样的自然资源财富。

成功：智利

1973~1990年，智利经历了一段军事独裁统治时期。如图3.6所示，按通货膨胀调整后的人均GDP——以国际美元（I$）为度量单位，在整个50年代和60年代呈增长趋势，但在70年代初期停滞，并在皮诺切特（Pinochet）独裁统治的最初几年间急剧下跌。80年代初期，该国经济增长率再次暴跌，随后进入了一段恢复时期。皮诺切特统治时期的消费从未超过1972年（阿连德统治期的最后一年）的最高点。在皮诺切特统治结束后，智利开始了一段持续的快速增长期，这使得该国成为目前南美最富裕的国家。智利是南美洲唯一一个加入经济合作与发展组织（OECD）的国家。

智利遵照了具有透明度、可预见性和公信力的健全而始终如一的财政政策与货币政策。就某些方面而言，智利是世界经济政策创新的一个领跑者。从独裁统治时期开始，经由多届民主选举产生的行政部门延续至今。除了少数例外，智利的国有企业都已私有化，目前尚未进行私有化的最大公司是智利国家铜业公司——铜矿开采业的巨头。退休金或养老计划基金也已私有化，大量的自由贸易协定促进了国际贸易。2008~2009年，全球经济危机严重影响了该国出口依赖型经济，但智利的经常性政府预算盈余使其足以通过不会过分影响该国中期定位的国内经济刺激方案，来做出应对。自2001年以来，智利一直坚持一条明确的

按通货膨胀、人口与
购买力平价调整后的人均GDP和消费
（国际美元，基年为2005年）

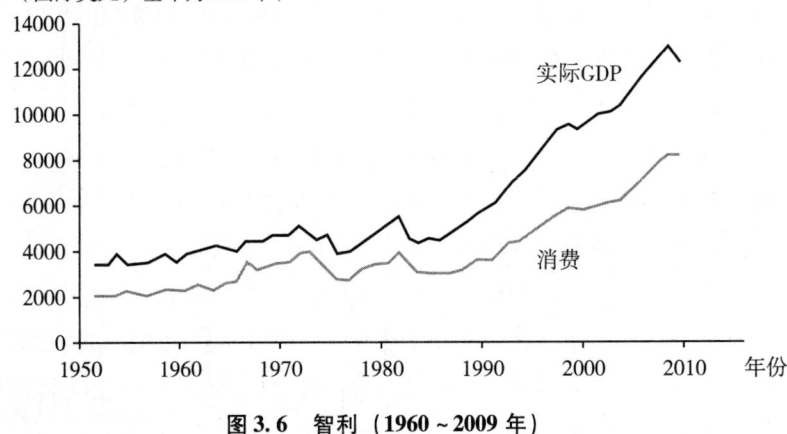

图 3.6 智利（1960~2009 年）

资料来源：Penn World Table 7.

结构性财政条例，并于 2006 年将其编纂入法，这一条例要求政府在商业周期循环中保持少量年度预算盈余。通过这种方式，智利在经济扩张期积累起了盈余，并在紧缩期使用这些盈余支撑下降的国内需求，正如 2009 年那样。

智利的国外直接投资很高，尽管主要集中在采掘和公用事业领域，且通常以采购现有资产而非为新资本融资的形式出现。尽管该国经济持续、快速增长，但尚未实现广泛的全民教育，收入不平等和贫困率依然很高。智利需努力转型，进入到一个基础更加广泛、包容性更大的社会和经济政策框架中去。

在货币政策方面，智利央行是独立的，货币在世界市场上自由流动，且利率政策可根据经济需要灵活操作。该国对外国投资者携带资金进入或将利润汇出境外不设限制。消费物价通胀率被设定在 3% 左右，且通常维持在这一水平（特殊时期除外，如 2008~2009 年危机）。总而言之，智利做出了很好的政策选择，而且能够将其贯彻落实下去。

政策教训与忠告

教训 3.1 短期需求应该得到满足，但需要考虑它们的长期影响。

教训 3.2 AD/AS 框架至少可以对总需求、总供给和经济政策变化的很多直接原因及后果进行暂定分析。

教训 3.3 所有人都认同保障宏观经济环境稳定的价值；观点的分歧在于细节、机制、次序、规模以及援助的时间长度，而不在于目标本身。

教训 3.4 财政政策和货币政策的目的不是危机管理。最好是去防止宏观经济不稳定的发生，而不是使用代价高昂的财政和货币资源来维持稳定。在经济上不恰当的宏观经济政策可能会和战争一样危害巨大。

教训 3.5 一个好的税收系统应该是简单的、灵活的、透明的、公平的、经济有效的。一个好的支出系统应该是遵守纪律的、有效运作的，并会定期在收入约束的框架内重新评估支出的优先级。

教训 3.6 战后援助的提供应该是长期的（长达 10 年），而非短期的（1~2 年）。

教训 3.7 最终目的必须是资产的重建；中期目的必须是宏观经济的稳定性；即期目的必须是帮助受害群众。政策必须与援助的排列次序、重叠操作与平衡相适应。受战争折磨国家的邻国也需要援助。

教训 3.8 货币调节经济增长；但货币本身并不能带来经济增长。

教训 3.9 暴力会造成财政政策和货币政策在制定与实施方面功能失调。如果不加以解决，那么饱受战争之苦的社会不可能被重新建设成运作良好的实体。

教训 3.10 并不是所有受暴力折磨的国家都是完全非典型的。在探索及提供政策建议与技术支持的过程中，各个方面都应该是务实的，而非教条的。

4 全球经济：国际贸易与金融

本章将分析各国和国际组织如何监管国际贸易以及相关的资金流动。战争和暴力会干扰管理，因为在一个受暴力折磨的国家，即使是用意良好的政府，对国际贸易和金融机制的管理也束手无策。此外，贸易和金融管理不善，本身也是造成冲突的原因。了解这一机制——从国际收支平衡开始，是避免出现动荡有时甚至是战争的关键。

国际收支平衡表

国际收支平衡表（BoP）一般分为两部分——经常账户和金融与资本账户，是各国用于记录本国货物和服务进出口货币价值及相应的资金流动的会计框架。本质上，国际收支平衡表是一个庞大的账目簿，记录借贷两方的收支来源。例如，表4.1是萨尔瓦多2005年的国际收支平衡表，所有资金流向由本币表示，但因为萨尔瓦多使用美元作为本国货币，其国际收支平衡表是通过美元来记录的。

在表4.1中，1.1所表示的商品贸易项目栏记录了萨尔瓦多以美元表示的有形货物流入和流出的价值。当出口货物离开本国，相应的付款会流入。货物的国外买家首先在外汇市场需求美元，需要的美元随后流入萨尔瓦多。这被视为是平衡表中的贷方项目，记为"＋"号。相反地，当萨尔瓦多从德国进口机床，美元会从萨尔瓦多流入外汇市场并转换为欧元支付给供应商。这被视为是平衡表中的借方项目，记为"－"号（美元流出）。如表4.1所示，2005年商品贸易有30亿

美元净流出（3429 – 6534 = –3114（百万美元），或 –31 亿美元）。

表 4.1　　　　萨尔瓦多 2005 年国际收支平衡表（百万美元）

项　　目	贷方/出口 美元流入（＋） 美元需求	借方/进口 美元流出（－） 美元供给	平衡
1. 经常账户			–893
1.1 货物	+3429	–6534	
1.2 服务（净）		–82	
1.3 收入（净）		–571	
1.4 单边转移（净）	+2865		
2. 金融与资本账户			+947
2.1 资本转移（净）	+94		
2.2 公共部门（净）	+329		
2.3 私人部门（净值）	+470		
2.4 净储备变化（"–"=增加）	+59		
2.5 其他		–5	
3. 统计误差		–54	–54
4. 平衡（应为零）	+7246	–7246	0

资料来源："El Salvdor", Country Report No. 08/101, Washington, DC, IMF, 2009.

国际收支平衡表是一国记录本国货物和服务进出口货币价值以及相应的资金流动的会计框架。账户由贷方（流入）和借方（流出）构成，加总后必须为零；根据定义，国际收支平衡表必须真正平衡。

服务贸易（无形商品的贸易）在 1.2 栏记录。例如，萨尔瓦多家庭和企业在海外购买的保险和运输服务的美元价值会记录在此栏。这一栏也记录带来美元收入的旅游服务项目。2005 年，服务贸易净流出为 8200 万美元（在国际收支平衡表中记为"–"号）。萨尔瓦多的企业和个人也会有短期的（一年内到期）海外贷款，并需要承担还款义务。获得的利息（+号）或支付的利息（–号）记录到 1.3 栏的收入项。2005 年净支出为 5.71 亿美元。单边转移的正向和负向抵扣

后净值也已记录在表 4.1 中。2005 年这一项的净流入为 28.65 亿美元（约占当年国内生产总值的 17%），绝大部分来自于萨尔瓦多人在海外工作寄回国的收入。由于单方面交易存在，也就是说，没有直接的反向交易，便使用"单边转移"这一术语。

经常账户反映的是一国国际货物和服务贸易的货币价值。金融与资本账户记录的是非贸易类资金流动。除非有统计误差，两者需收支平衡。

当经常账户中所有的正向和负向项目加总后，2005 年的净流出为 8.93 亿美元（表中第 1 栏最后一项数字）或者是 340 万美元/每工作日。国外资金接受方必须用某些方法回流多余的美元。一些美元被用于非法交易，例如毒品交易，而且美元也可在世界能源市场上用于开展贸易。然而，对于出售机床给萨尔瓦多的德国制造商来说，有两种选择：一是持有美元并在萨尔瓦多投资，如在当地设立分销网络，从而使美元的流入流出相抵。二是将销售收入美元卖给愿意持有美元的买家（兑换成欧元）。潜在的买家包括商业银行和中央银行。美元的所有权将从一方转移到另一方。但对于购买并持有美元的商业银行和中央银行来说，意义不大。他们的目的是将美元用于投资，唯一明智的做法是将其投资到金融市场，或通过金融市场赚取收益。最终机床制造商获取的销售收入（美元）又重新流回萨尔瓦多，尽管所有权已经变更（对像萨尔瓦多这样的经济美元化国家，美元同样可以流入美国或其他使用美元的国家，这里我们抽象出这种可能性）。[①]

金融与资本账户记录通过私人和官方渠道的净美元回流。2005 年，这一总额达到 9.47 亿美元。相对于经常账户，第 3 栏统计误差部分为 5400 万美元（通常称为错误和遗漏项），在第 4 栏中，所有正向和负向的价值加总为零，边境关卡不严和现金交易的存在，意味着国际收支平衡表中的账户不可能涵盖所有的经济活动，所以即使统计误差为零，仍可能会存在未计算在内的经济活动，例如非法的毒品交易。

根据定义，国际收支平衡表必须始终加总为零，尽管与媒体和政治的习惯用法相反，国际收支平衡表没有盈余或赤字一说。经常账户可以有盈余或赤字，但必须通过金融与资本账户相应抵销达到平衡。经济学家并不担心统计误差的存

[①] 使用另一个例子，德国机械工具出口到墨西哥将获得墨西哥比索，但出口商需要使用欧元支付员工和当地供应商，因此比索被出售以换回欧元。欧洲中央银行作为买方会持有比索，但最佳方式是投资墨西哥政府债券以赚取一些利息，或者是另一家公司因为购买了墨西哥产品需使用比索支付给墨西哥生产商，需要兑换比索。即便比索经过几次交易，但最终将流回墨西哥。

4 全球经济：国际贸易与金融

在，因为它时正时负（表明是随机波动），且相对于货币流入与流出总和数额较小。2005 年，萨尔瓦多货币流入与流出的总额约 145 亿美元，540 万美元的统计误差的确很小。

至于金融与资本账户中的一些具体项目（如第 2 栏），公共部门项很大程度上反映了国外援助收入（赠与），私人部门项则反映了国外企业收购萨尔瓦多企业时的美元流入（如商业银行部门）。净储备的变化是指中央银行所持外汇的变化。当中央银行出售美元换取所需外币如欧元时，美元流出（记为"－"号），但中央银行所持欧元增加。因此，虽与直觉相悖，但在国际收支平衡表中是合理的，增持外币在国际收支平衡表中记为"－"号；相反，减持外币则记为"＋"号，正如 2005 年所显示。

战争、犯罪和其他形式的暴力行为造成的影响会以各种方式反映在国际收支平衡表中，如旅游收入（流入）减少，武器采购（流出）增加。汇款和国外援助的重要影响在 1979～1991 年萨尔瓦多内战期已有所暗示。在接下来的两节中，将选取国际收支平衡表内金融和贸易项反映出来的与暴力相关的事例。

冲突与国际贸易

贸易收益

没有人怀疑国内贸易的重要性。通常情况下，贸易跨越司法管辖边界，发生在美国纽约和加利福尼亚州之间没有任何问题。以此类推，跨越政治边界的美国和加拿大，或美国和墨西哥之间的贸易也应当没有问题。只要贸易是自愿的，即便贸易净利益可能无法均等地分配给贸易双方，双方也会从中受益。几乎所有在贸易所得财富的分配问题上都会出现激烈的政治斗争，但从亚洲的集贸市场到非洲的村镇市场，再到拉丁美洲的路边小摊，人们能够直观地理解贸易产生的利益。

为提高自身生产率，人们耗费劳动力专注于一个或最多几个经济活动中，其产出盈余与他人的产出盈余进行交易。今天，没有一个人可以完全自给自足。无论是那些已达到现代化、高水平生活的人们，还是渴望达到这种生活水平的人们，普遍都需要持续不断的、广泛密集的贸易。人们担心的并不是贸易本身，而是缺乏调控或被操控扭曲，以致贸易一方的收益高于另一方。

贸易决定

在政治国界存在之前，边界主要是按照地理划分的，与边界有关的是成本和收益，如生产、通信和运输成本。现代欧洲边界划分的确定不超过150年，并随着欧盟的发展，这一边界再次被打破。地理赋予了体现在自然资源、土地、土壤、淡水、临海的优势与劣势。试图在北极圈北部种植热带水果或者在萨赫勒地区种植生菜都是不明智的。此外，地理决定运输成本。邻国之间的贸易量大于距离遥远国之间的贸易量不足为奇，尤其是两国之间的距离在考虑到地形因素时。全球化这一现象的出现，部分是因为空间距离上可以到达——通过技术克服地理距离的能力。尽管新兴市场国家和发展中国家仍然依赖原材料和农产品贸易，以及国外务工人员寄回本国的汇款（如菲律宾护士、孟加拉国采油工人和墨西哥雇农等）。

为促进国内和国际贸易发展，饱受暴力折磨的国家需要在冲突结束后重建和发展基础设施，尤其是公路、港口和机场及改进制度能力，以便更知识化、更有效、更高效地重新融入世界贸易体系，并解决一系列问题，包括贸易条件、关税与海关、经济特区以及对诸如采矿等行业的过度依赖。在这方面，世界贸易组织（WTO）的统计数据揭示了两个重要事实：一是国际商品贸易由邻国效应（区域内贸易）主导，从而又与交通基础设施高度相关。二是世界制造业产品贸易增长快于燃料和矿产品贸易，但后者增长速度又稍快于农产品贸易。[①] 这些事实对于基础设施缺乏、熟练技能人口很少的内陆饱受战争折磨国家而言，都不是好兆头。运输服务特别是旅游业，也极大增加。旅游业是世界上最大的产业之一，但很明显，即使该国招待外国游客的基础设施到位，危险地域吸引的游客也不会多。运输和安全是同时存在的，恐怖分子经常袭击与旅游者相关的目标并非偶然。类似地，战争中未爆炸的遗留物——未清除地雷和水雷、简易爆炸装置，会导致陆地和海上路线在很长一段时期内不能为经济服务。安哥拉和柬埔寨仍然在遭受这些，车臣共和国和纳戈尔诺—卡拉巴赫也是如此，而且在世界上地雷最多的国家之列。后面的两个地区与斯里兰卡一样，反动武装埋设大量地雷作为确保

---

① World Organization (WTO), International Trade Statistics 2007 (Geneva: WTO, 2007), 2-3.

领地的屏障,制造了大量的战后问题。从操作角度看,这表明和平谈判应该包括关于战后基础设施重建和国内以及国际贸易的谈判和协议在内。

自然资源诅咒?

非洲开发银行(AfDB)2008年的报告中,区分了可能会使一个社区或国家遭遇大规模暴力的风险因素,以及可能释放潜在暴力的触发因素。这些风险因素是自然资源的存在、低收入、低经济增长、民族对抗、邻国效应和外部煽动的武装冲突、地理位置和大量的人口、青年人多(尤其是高比例的15~20岁之间的大量年轻男子)、政治迫害和腐败、稀缺资源的竞争、不平等、宗教极端主义、有缺陷的或不完整的民主过渡、高额的军费开支和大量的武装力量、散居国外人群、殖民主义和超级大国的对抗、先前冲突的存在。① 触发因素包括政治独立或建国、政权更迭、军事政变、选举、邻国冲突及其他重大事件。这些因素无法保证暴力的爆发。博茨瓦纳拥有得天独厚的自然资源,没有经历过大规模暴力,尽管建国时选举有争议,而且周边有容易发生暴力的邻国。风险因素和触发因素是从比较的、跨国的统计工作中提取出来,但是需要很好地理解起到决定性作用的是地区历史环境和政策及决策的质量。②

然而,特定情况下,自然资源的可获得会促使掠夺,尤其是——例如随冷战结束,角逐各方的外部资助耗尽。相关的动态很简单:没有钱就不能打仗。因而当外部财力不足(如国家资助、侨民融资),就需要内部资源,包括非法采伐热带雨林木材、钻石和其他矿产,或非法种植和贩卖毒品作物。传统的国家间战争中,军事冲突会破坏贸易;③ 后冷战时代,发达经济体的消费者分担发生在其他地方的暴力责任,因为有组织的犯罪和集体暴力行动所需的融资有赖于全球分配

---

① 联合国开发计划署(UNDP)列举的因素更少些:"风险因素包括较低的人均收入、经济增长乏力、社会经济发展横向不平等现象的存在、丰富的高价值自然资源。在高失业率,尤其是年轻人高失业率情况下,这些风险因素都更加严峻。"见 UNDP, *Post-Conflict Economic Recovery*, 17。
② 近期对自然资源经济学文献的大量回顾,参见 F. van der Ploeg, "Natural Resources: Curse or Blessing?" *Journal of Economic Literature*, Vol. 49, No. 2 (2011), 366-420。
③ 关于战时贸易中断的成本,参见 Anderton and Carter, *Principles of Conflict Economics*;关于和平与贸易假设与证据,参见 Polachek, "How Trade Affects International Transactions"。

和消费网络，以及贸易机会。① 全球非政府组织（NGO）努力创建了自愿监管框架，最著名的全球见证组织（Global Witness）通过《金伯利进程证书计划》（KPCS）阻止冲突品的贸易，而《金伯利进程证书计划》本身容易被既得利益所劫持。《金伯利进程证书计划》逐渐演化成生产商和分销商卡特尔，具有冲突倾向的国家如印度、印度尼西亚、以色列、津巴布韦都是信誉良好的会员，但经过改革，后查尔斯·泰勒时代的利比里亚多年来却不是（由于相关原因，全球见证组织在2011年12月退出了《金伯利进程证书计划》）。②

贸易障碍

建立或重建能够提升福利的合法贸易非常重要。建设、改造和升级与贸易有关的物质基础设施，精简边境和海关通关手续，降低或取消进出口税，寻求贸易机会特别是与邻国的贸易机会，对司法管辖区域内外的经济增长都至关重要，但全球贸易歧视发展中国家。如前所述，相比2006年1000亿美元的官方开发援助（ODA）③，该年度全球工人3000亿美元的汇款④和1万亿美元的对外直接投资（FDI）⑤是巨大的。真正被开放的全球市场可能会有更大的效果。贸易扭曲政策的美元价值计算非常复杂，但农业生产者补贴估计值（PSE）估计2004年经济合作组织（OECD）的贸易额达2800亿美元，是官方开发援助的3倍；估计1995~2001年间，美国的农业补贴在140亿~660亿美元之间。欧盟15国的农业补贴高达上百亿欧元。⑥ 如果这些被取消，收益将会归于发展中国家，战后

---

① N. Cooper, "Peaceful Warriors and Warring Peacemakers", *The Economics of Peace and Security Journal*, Vol. 1, No. 1 (2006), 20 – 24.

② N. Cooper, "On Forgetful Goldfish and Failed Mnemonics: Transforming Political Economies of Conflict Using Voluntarism, Regulation, and Supervision", *The Economics of Peace and Security Journal*, Vol. 5, No. 1 (2010), 43 – 51. 关于非钻石珠宝，尤其是黄金，参见 J. Tepper-Marlin, "The 'No Dirty-Gold' Campaign: What Economics Can Learn from and Contribute to Corporate Campaigns", *The Economics of Peace and Security Journal*, Vol. 1, No. 2 (2006), 58 – 64. 另参见 Global Witness, "Global Witness Leaves Kimberley Process, Call for Diamond Trade to Be Held Accountable", December 5, 2011, http://www.globalwit-ness.org/library/global-witness-leaves-kimberley-prucess-calls-diamond-trade-be-held-accountable (2012年1月29日获得).

③ 参见 OECD, "Development Co-operation Report".

④ UNDP, *Post-Conflict Economic Recovery*, 86.

⑤ 参见 UNCTAD, *World Investment Report* 2009.

⑥ 参见 WTO, *World Trade Report* (Geneva: WTO, 2006); for PSE figures, 123; for U. S. figures, 128, Table 11; for EU-15 figures, 131, Table 12.

国家也包括在内。简言之，对于冲突后的国家，贸易障碍的损失远远高于援助的价值。欧盟和中东北非地区（MENA）的关系在2011年动乱出现之后，受到了由于部分归因于经济发达国家的贸易保护政策导致的经济增长缺乏而引起的战争重发巨大风险的遣责。① 新兴市场国家和发展中国家的冲突各方在和平谈判中经常包括发达经济体国家的参与，提出全球市场无限制的准入谈判议题可能会有所帮助。

冲突与国际金融

在描述和讨论饱受暴力折磨的国家面临的功能失调与问题之前，本节将介绍一些国际金融机制。

汇率

和食品、饮料、家居用品以及其他普通物品一样，大多数的货币可在市场上进行买卖。货币交易的主要经济目的是为了方便货物和服务的跨境交易。当一位法国游客在南非使用欧元（EUR）兑换南非兰特（ZAR）时，欧元供应增加，同时对南非兰特的需求增加。如果两者原来的汇率比为12ZAR/1EUR，那么多余的欧元供给会使其价值下跌。此时南非人只需支付10南非兰特兑换1欧元（10ZAR/1EUR），法国人需要用更多的欧元才能兑换1个南非兰特。从南非的角度看，法国游客带来的结果是欧洲产品变得更加便宜：现在价值1欧元的产品在南非只值10南非兰特，而不是12南非兰特。欧元贬值相应地伴随着南非兰特的升值：对欧洲人来说，来自南非的产品变得更加昂贵，从而对南非企业来说出口变得更加困难。旅游部门所获收益是以出口部门受损为代价的。

在**货币升值**的情况下，本币能够比之前兑换更多的外币。本币被称为更加坚挺。本币升值有利于进口但不利于出口，因为国外商品对本国消费者来说变得相对便宜，本国产品对国外消费者来说变得相对昂贵。

回到第3章中介绍的宏观经济框架，一种货币升值则预期出口（X）会减

---

① 战争重发的概率在25%~50%之间，参见UNDP, *Post-Conflict Economic Recovery*, 16。

少，进口（M）会增加，从而进出口（$X-M$）的净效应会导致更少的贸易盈余（或更多的贸易赤字），进而又会导致总需求减少，经济增长和就业下降——尽管旅游业通过增加对本地住宿、餐饮、交通等的需求刺激了本国经济增长。因而，货币升值或贬值等同于国内经济的重新调整，或者，至少产生调整的压力。它涉及各个部门的权衡取舍，即受货币波动影响后是获益还是受损。经济各个部门的重新调整不会一帆风顺，可能会产生冲突。货币贬值可能遇到本来可以利用的外部贸易机会，却受制于交通基础设施不足的情况；相反，昂贵的基础设施可能坐视本币汇率飞速上涨而无用武之地。

大多数国家赞成本币坚挺或者说本币价值高，货币升值，这至少基于以下两个原因：第一，较便宜的进口使本国消费者受益，也使进口中间产品用于生产最终产品和服务的进口商受益。这些往往会一起限制消费者和生产者价格通胀，使得消费者可以使用额外的钱购买其他消费品（或者储蓄）。也就是说，较便宜的进口可能威胁到国内生产者以及就业市场，因此货币大幅升值是不受欢迎的。第二，高价值的货币之所以受追捧，在于它可以迫使国内生产者效率更高以捍卫（或重新夺取）国内市场，尽管受进口的威胁。一国政府人为地使本币贬值是为了补贴本国生产商，向他们传递不需要高生产率的信息，或者说可以容忍低效率。为应对短期的迫切情况，这在政治层面（甚至经济层面）也许可以接受，但不可以作为长期或者中期战略。经济增长有赖于投资的净增长和生产率的提高，破坏这个进程无疑是弄巧成拙。

汇率制度

货币升值和贬值机制需要两种货币互相保持浮动的汇率制度，货币价值主要由市场决定而不是货币当局决定。货币当局——中央银行，但有时是财政部或其他政府机构，可以购买或出售货币从而影响货币市场，但它们这样做往往是为了消除货币价值异常的大幅波动影响。对货币市场的干预也可在常规基础上进行（称为有管理的浮动）使汇率平稳地从一个水平过渡到另一个水平仅靠货币市场是无法完成的。在极端情况下，政府定期购买或销售本币，固定汇率制将货币价

值控制在很小的、合意的区间内，① 这是隐形的价格控制。

浮动汇率制度是指一国货币当局通常不干预决定本国货币价值的私人市场。

主流媒体有时宣扬浮动汇率制度好而固定汇率制度不好。这可能是正确的，但也可能相反：浮动汇率制度会促进不稳定，而固定汇率制能发挥稳定宏观经济的功能。这很大程度上取决于一国的具体情况。如果一个饱受战乱折磨的国家或战后国（或任何一个国家）将其货币与欧元或其他被广泛交易的、稳定的货币挂钩，如科索沃、东帝汶和萨尔瓦多，采用了其所使用的他国货币的国家货币政策。那么，如果有大量以欧元计价的援助，就可以按照固定汇率兑换，在本国使用。采用一种外币作为本国货币或规定一个固定汇率相当于同样的事情——实际上，货币联盟创立了。本币不会升值，更不会损害出口前景或人为贬低进口价格。一种可信的固定汇率政策保证将资金投入东道国的外国投资者能按照已知的汇率再提取其资金。但若汇率不能与基础经济的变化情况同步，就会成为宏观经济不稳定的因素。第二次世界大战后，世界主要经济体一致同意采用固定汇率制度，这种汇率制度在战后重建时期是成功的，但在1971年全面瓦解。欧洲和日本已从战后恢复并重建其经济。随着它们的生产率提高，也随着生产率在欧洲提高的速度不相同，世界范围内出现更加竞争的产品定价成为可能。在此情形下继续坚持固定汇率制度会造成不必要的负担。就如这样的说法，一小时的劳动必须回报以对等的薪酬，而不管工人的生产率如何。

殖民时代的货币联盟

前法国殖民帝国中在非洲中部和西部的 12 个国家的货币，分别通过中非法郎（Central African CFA franc，记为 XAF）和西非法郎（West African CFA franc，记为 XOF）组成的非洲法郎（CFA franc）仍和法国绑定在一起。之前是与法郎

---

① 或者汇率可以通过法律设定。这相当于一种明确的价格管制，并会刺激货币私下交易黑市的发展，尽管其是非法的。

挂钩，现在是与欧元挂钩。① 创设于 1945 年，非洲法郎相对于法郎或与法郎一起相对其他货币一再贬值。但整体而言，非洲法郎价值如此之高，以至于相当于人为降低了欧洲进口商品的价格和补贴了非洲城市精英，且不利于依赖农业出口的农民，这些农民在国外的消费者将需求转向世界其他地区农民提供的产品，从而失去了市场份额、就业机会和收入。科特迪瓦或喀麦隆的可可生产者不能与加纳或尼日利亚（或巴西、印度尼西亚，它们皆为世界排名前六的可可产出国）有效竞争，因为两国汇率不能调整。非洲法郎区国家可以生产和销售更多的可可，但人为抬高非洲法郎价值导致进口商从非洲法郎区以外的国家购买。因此，全世界范围内的生产结构被扭曲。② 与此有关的就业和经济增长减少，进而缺乏和平，这是很明显的。

外资流动

浮动汇率制度意味着大量的国外援助（包括援助工人的工资和薪金）、移民从海外汇回国内的收入，都增加了对本国货币的需求，导致本币升值。这使得一个饱受暴力折磨国家的出口产品和赚取购买进口产品所需的外汇变得更加困难，即使与本国生产、就业与经济增长竞争的进口商品变得更廉价，随之发生的国内总需求不足缓解了价格上涨的压力和控制了通货膨胀，这是一项重要的且受欢迎的副作用。但由于首要任务是重建生产性经济活动，政府往往诉诸贷款融资政府项目。综合效应可能是私人经济活动被公共融资经济活动、庞大的政府预算赤字以及国际收支逆差所挤出。担忧这种不可持续的经济战略是国际货币基金组织（IMF）苛刻政策的原因：通过削减开支使政府财政可控是必要的，即使这会破坏生产、影响就业和经济增长。国际货币基金组织痛苦的结构性调整最终会刺激外国直接投资，但如果这一调整的过程太漫长，社会痛苦会重新引发暴力冲突。

---

① 多年来，其他一些国家相继加入、离开或重新加入非洲法郎区。2009 年，除了前法国殖民地使用非洲法郎外，位于中非的喀麦隆、中非共和国、乍得、刚果民主共和国、加蓬，以及位于西非的贝宁、布基纳法索、科特迪瓦、马里、尼日尔、塞内加尔、多哥——前葡萄牙殖民地的几内亚比绍（中非法郎）和前西班牙殖民地的赤道几内亚（西非法郎）也使用非洲法郎。虽然汇率固定，但中非和西非法郎互不认可。

② 尽管有充分的案例材料，但货币和显性或隐性（通过固定汇率）的货币联盟，以及暴力之间的关系在经济学文献中没有得到应有的研究。"二战"后布雷顿森林体系形成了固定汇率体系。今天欧盟政治、文化和经济的发展与货币制度紧密联系在一起，包括欧元的创设。种族隔离制度下，南部非洲关税同盟还包括一个货币联盟，其中规定，莱索托和斯威士兰掌控对南非的货币政策、出口和进口机制。

而且，在冲突刚刚结束的时期内，大量私人资本流入的可能性很小，因为潜在投资者在观望政策和经济环境是如何发展的。任何资本流入都极有可能是投机性货币，可能会提高汇率，但创造的生产性能力微乎其微。长期投资的前景受获益投资的影响，这反过来又受社会和政治和平可能性的影响。为迫使宏观经济稳定而过于苛刻的交易并不会吸引投资者。国际货币基金组织在20世纪90年代末意识到这一点，现在的政策建议和援助的设计更具识别性。

选择汇率制度

货币防御：货币当局试图保持本币的外汇价值的做法。

没有一种汇率制度是永远恰当的，选择一种汇率制度要基于反应灵敏的实用主义，而不是遵循陈规的教条主义。受冲突折磨的不同国家选择不同的路径。从美元化（使用他国货币）到二元货币体系、浮动汇率制度，再到干预者管理的浮动汇率制度。货币黑市的存在通常是遵循不当政策的良好显示。同样地，大量投机性货币流动——增持或抛售某一特定货币，也表明必须进行政策调整。

冲突和全球金融市场

除了一般机制和注意事项外，冲突和汇率变动之间有两类具体的因果关系，双向互为因果。也许最知名的事例是1997年东亚金融危机，巨额的投机性货币使整个亚洲经济动荡，尤其是印度尼西亚、马来西亚、菲律宾、泰国和韩国。货币投资和许多其他形式的投机一样，本质上是预期在起作用。假设泰铢和美元的汇率比为10泰铢/1美元，投机者预期两者汇率比变为20泰铢/1美元，如果投机者的预期是正确的，那么原来1美元可以换回10泰铢现在变成可以换回20泰铢；如果投机者的预期是错误的，那么他会损失资金，商业风险是非常真实的。但如果许多投机者都有这样的预期，开始更加低廉地抛售泰铢来套取美元，预期便成为一种会自我实现的预言，泰铢崩溃。

问题不在于货币的升值或贬值，而是变化的急剧。投机性的攻击促使泰铢价值一落千丈，增加了所需进口的成本。虽然货币贬值可以吸引国外游客，出口产品价格更低廉；但经济不能迅速调整来利用这一机会，不能利用货币市场的瞬间起伏重新配置劳动力和生产材料。为应对实体经济和金融经济之间缺口可能带来的巨大危害，各国政府有时试图终止货币流动。东亚金融危机期间泰铢的情形，意味着需要拿出中央银行所持的外汇储备购买投机抛售的泰铢。当需要用于支付进口的外汇储备被耗尽，货币防御就不得不放弃，导致货币和国内经济崩溃。

为什么投机者会首先攻击某一种货币？为什么他们会对某一种货币形成这样或那样的预期？就泰国而言，投机者形成这种观点是因为泰国承担了过多的与房地产有关的以美元计价的债务。当时，实际汇率是在25泰铢/1美元的固定汇率水平上。投机者认为，该固定汇率不能够维持下去，便抛售泰铢买进美元。投机者是正确的：泰国政府不可能无限期地捍卫泰铢，因为它已经耗尽了近500亿美元的外汇储备。泰铢被迫浮动并最终下降到56泰铢/1美元，比危机前价值的一半还要低（从那以后开始恢复）。国际货币基金组织向泰国政府注入数十亿美元的贷款来应对投机者，投机者终于放弃赌注，因为原则上国际货币基金组织的资金实力是非常雄厚的，可以提高赌注。投机者不会做赔钱的买卖，但已造成危害。随着1997年7月与美元挂钩的泰铢的崩盘，引发了更大范围的金融和经济崩溃，紧张的政治局势和潜在的冲突直至今日仍未平息。泰国政府垮台，一项长期准备的新宪法在1997年10月推出，但在2006年军事政变期间被废除。

马来西亚在泰铢危机后的几天内爆发了经济危机，引发了马来西亚统治者和财政部长因经济政策分歧造成的恶劣的政治斗争，直至今日仍未解决。泰国和马来西亚虽然没有出现大规模的暴力活动，但在印度尼西亚，货币崩溃还是直接导致1998年底苏哈托政权的结束，1999年东帝汶暴力分裂的开始，随后爆发了残酷的内战以及西北部亚齐的内战。

暴力和战争引发货币崩溃这一反方向的因果关系也已经提到，例如在津巴布韦，以及第一次世界大战结束后德国重建经济失败。即使是美国第二次世界大战后较小灾难冲突的事例——从朝鲜到阿富汗，美元的价值以及通过外贸对国内经济的经济影响，也经常遭受战争发生与进行的损害。① 金融史学家指出，国内和国际债券市场的发展与筹措战争资金需求错综复杂地联系在一起。② 为了筹集与战争有关的开支，政府削减非战争开支或印发钞票，引起通货膨胀。这两种选择都不受欢迎，至少在选举国家，选民对两种方式都不喜欢。或者，政府发行战争

---

① 关于历史上美元价值和美国战争，参见 C. E. S. Warburton, "War and Exchange Rate Valuation," *The Economics of Peace and Security Journal*, Vol. 4, No. 1 (2009), 62–69。

② 参见 N. Ferguson, *The Ascent of Money: A Financial History of the World* (New York: Penguin Books, 2008)。

债券，向国内民众借钱。选民会对此下注，实质上是赌注政府会取得战争胜利，最终连本带息地偿还用他们积蓄购买的政府债券。但是，政府也可通过发行国外债券筹措资金。2000年以后，在阿富汗和伊拉克战争中，美国拿部分来自中国的资金用于战争。因为美国与中国之间有巨大的贸易逆差，中国赚取的美元被重新注入美国金融市场，美国政府向金融市场借款来填补联邦政府预算赤字。大量中国以美元计价的外汇储备放入主权财富基金（SWF）中。如果中国决定抛售其持有的大量美元，美元必定大幅贬值。应对这种风险只能依靠中国出于自身利益，不破坏所持美元的价值。换做私人投资者，会认为中国没理由希望赔钱。但即使是有序地减持美元，或者是中国转向持有美元以外的其他货币，都会造成美元贬值的压力，并会使得中国转持的货币有升值的压力。

机构与政策

除了国际货币基金组织和世界银行，一些其他的全球贸易和金融机构，包括公共和私人（正式和非正式的），在引发和解决冲突方面都会发挥作用。成立于1995年总部设在日内瓦的世界贸易组织（WTO），是一个国际组织，其成员国已经签署并通过多种具有法律约束力的协议，这些协议是有关成员国在国际货物和服务贸易以及保护知识产权方面的。世界贸易组织秘书处管理贸易协定，作为贸易协商论坛，运行广泛使用的争端解决机制（在成立后的第一个十年内解决了300多起争端案例），审查成员国的贸易政策，并向新兴市场国家和发展中国家提供技术援助和支持。截至2008年7月中旬，该组织已有153个成员，另有30个左右的国家正在进行加入该组织的谈判。在其网站上，世界贸易组织详细地列出旨在减少"军事冲突"风险的协商与和平解决争端指南。①

为促进贸易发展，同时摆脱自身过于复杂的规章制度，许多国家已经设立了

---

① "[世界贸易组织存在]的结果是……一个经济更加繁荣、和平和负责任的世界。世界贸易组织几乎所有的决策是在各成员国国内议会批准后一致同意的。贸易摩擦进入世界贸易组织争端解决机制，该机制主要是解释协议和承诺，以及如何确保各成员国的贸易政策符合该机制。通过这种方式，争端可能会蔓延到政治或军事冲突的风险降低。通过减少贸易壁垒，世界贸易组织体系也打破了民族和国家之间的壁垒。"参见WTO，"The WTO in Brief"，available at http：//www.wro.org/english/thewto_ e/whatis_ e/inbrief-e/inbr00_ e.htm（2011年12月6日访问）。

经济特区（SEZ），或出口加工区（EPZ），或自由贸易区（FTZ）。这些经济试验区有特定的地点、产品和行业，管理形式有完全公有、完全私有，或介于两者之间的任意结合。中国深圳和菲律宾苏比克湾是典型范例。许多国家有多个这样的地区，尤其是印度。由于设立经济特区需要有特定的地点以及合适的交通运输和其他基础设施，可能会和当地群众发生冲突，甚至是暴力冲突。典型事例是印度塔塔汽车公司，原计划将 Nano（纳米）汽车的生产设施放在辛古尔（Singur）经济特区。由于土地征用、人口迁移、公平的土地补偿等问题，导致塔塔汽车公司在 2008 年底放弃该项目，改置于其他地区。

《采掘业透明度倡议》（EITI）是一个极其与众不同的制度，试图将透明度与责任制引入来自全球原材料贸易的数十亿美元中。这部分是起因于一个叫企业公布付款的活动，迫使企业公布开采自然资源而支付给国家的总费用（自然资源租金），从而可以追踪政府使用该项基金的情况，减少腐败和资金管理不善的情形。《自然资源宪章》（Natural Resource Charter, NRC）随后得到推崇——"政府和社会如何最佳地管理因自然资源开发所创造发展机会的一套经济原则"①——包括墨西哥前总统、耶鲁大学现经济学教授内斯托·塞迪略（Ernesto Zedillo），诺贝尔经济学奖得主、斯坦福大学教授迈克尔·斯宾塞（Michael Spence），世界银行前发展研究董事、牛津大学经济学家保罗·科利尔（Paul Collier）都在其内。

金融方面，总部设在瑞士巴塞尔的国际清算银行（BIS）担当各中央银行的银行，它成立于 1930 年，认为自己是"世界上最古老的国际金融组织"。其最初的功能是收集、管理和分配依据第一次世界大战后缔结的《凡尔赛条约》规定的德国支付的赔偿金。从那时起，它即进入了统计数据收集、研究、政策审议、建议以及协调各央行的领域。该银行的工作从未忘记过考量暴力和经济之间的联系。2007 年，国际清算银行在一篇工作论文中指出，剧烈的、持久性的经济混乱是由金融危机、战争和内战造成的。② 该论文作者发现，新兴市场国家和发展中国家无法达到发达国家经济水平的原因，可以全部由这种危机的频率和严重性来解释。这一政策含义显然涉及危机预防，或至少是避免危机。

---

① Bank for International Settlements, "BIS History-Overview", available at http://www.bis.org/about/hisrory.htm（2012 年 1 月 29 日访问）。

② Cerra & Saxena, "Growth Dynamics".

随 2009 年金融引发的全球经济危机，研究学者和政策制定者都力图寻求改革全球金融构架的途径——在一定程度上与国际清算银行结合，和国际清算银行一起，扩大全球宏观经济和金融政策协调。这可追溯至 20 世纪 70 年代中期，德国、意大利、日本、英国、美国领导人受当时法国总统瓦勒里·季斯卡·德斯坦（Valéry Giscard d'Estaing）之邀，举行了一次非正式聚会，很快加拿大也加入，逐渐演变成七国集团（G7）年度经济政策协调会议。后来俄罗斯、欧盟和国际金融机构的代表也参加了会议。2009 年 9 月，在七国集团匹兹堡峰会上，扩充至 20 个国家，形成二十国集团（G20），包括巴西、中国、印度、印度尼西亚、墨西哥、南非和其他一些国家。很明显，七国集团的经济实力相对减弱，需要扩充更多的国家参与进行政策协调方面的会谈。

由于数十亿人仍然无法获得银行服务，因此非正规金融网络很广泛。因为是非正规的，可以而且任意转移非法所得资金或用于非法目的的资金。金融行动特别工作组（FATF）是作为 1989 年七国集团会议的成果之一而设立的国际政府间组织，总部位于巴黎，"旨在发展和促进国家和国际政策协调，以打击洗钱和恐怖分子融资"。该组织已经提出了近 50 条建议，有效地作了其 30 多个成员国的业绩标准。2009 年 4 月，金融行动特别工作组向各国和评估方发布了反"洗钱"（AML）和反恐怖分子融资（CTF）评价和评估手册。评估小组依据金融行动特别工作组的标准对各成员国进行评价和评估，结果报告在金融行动特别工作组的网站上公布。

尽管金融行动特别工作组部分地应对非正规和非法的资金流动，但很多建议会涉及当地、国家及超越国界的法律、规则和商业银行的有效执行；大型全球金融机构确实已经与金融行动特别工作组合作，参与该工作组行动。该工作组面临的挑战之一是如何应对业务遍及全球的巨型企业，因其企业内部活动交易额占全球贸易和资金流动的很大比例。据称，全资私人企业和国有企业（如非洲的外资企业）都可能共谋违反人权或至少对违反人权不敏感，有些已经被记录在案。但整体而言，企业和它们的供应商、雇员和客户更多数情况下是暴力行为的受害者而非肇事者。它们更偏好单一的、全球通用的标准，而非多重的标准制定和标准，以及昂贵的审计。商业企业谈及审计疲劳是因为它们试图遵守由不同机构和政府部门制定的众多强制和自愿的地方、国家和全球标准。但是，商业领域大多是单单从风险和责任管理的角度，而非从前瞻性的暴力预防和避免暴力的角度去处理和平与安全。可能的内战重燃风险应促使和平谈判方和主要的大型企业或企业理事会在和平协议签署前进行会谈。

失败与成功：两个案例研究

失败：斐济

在 1874～1970 年接近一百年的时间里，斐济是英国的殖民地，英国从印度迁移一些合同工人到斐济岛的蔗糖地劳作。至 21 世纪初，斐济超过 40% 的人口为印度裔，这给独立后民族基础的纷争埋下了祸根。1987 年起发生的两次政变，将当时刚刚选举的以印度裔为主的政府赶下了台。随后数万印度裔的斐济人移民，致使经济缺乏熟练工人，严重影响了劳动生产率。1987 年政变引发的政治不确定性直至 1997 年才解决。在这段时期，国防支出经常占年度政府预算的 10% 以上，人为地推动了国内生产总值。2000 年再次发生政变，受到国际经济和政治的惩罚，包括对这个贸易依赖型的国家设置贸易壁垒，汇率和价格管制更加打击了贸易和外国直接投资。2005 年再次出现动荡，随后 2006 年又一次发生政变。现在，在土地所有权和其他问题上仍然存在不确定性，政治动荡的局势尚未最终解决。

斐济岛面积小，远离陆地。这意味着国内制造业不能实现规模经济。附近的邻国也都是面积小、远离陆地的岛国，也存在规模经济问题。因此，当地和周边邻国的贸易效应很小。到各大洲的距离都很遥远，意味着进出口的运输成本很高，而且阻碍产业多元化。因此，斐济的经济是自然资源型，主要集中在旅游、渔业、林业产品，商业性农业（尤其是依赖出口的蔗糖部门）和一些采矿，特别是金矿。内乱、暴力和战争加剧了自然困难。

随着投资崩溃，斐济经济在 1987 年发生政变前连续 7 年下滑，经济运行大幅波动（见图 4.1）。尽管欧盟提供了补贴，但蔗糖价格下跌，旅游收入剧烈波动。尽管旅游部门依靠定期针对澳大利亚和新西兰的旅游市场货币贬值来支撑。极低且不断减少的外国直接投资，熟练劳动力的不断移民，可以解释 21 世纪最初 10 年间斐济暗淡的经济运行状况。图 4.1 清楚地显示了 20 世纪 60～70 年代投资增加，到 80 年代初也没有恢复到之前的水平。投资在 GDP 中的份额逐渐下降，慢慢地侵蚀着国家物质资产基础。自 90 年代以来的 GDP 和消费增长是由于国防支出承担的不可持续的债务，以及变化无常的旅游贸易不定期支撑。本届政

府无论是财政政策还是货币政策的立场都是不可持续的。年度预算赤字和累计债务极高,迫切需要的结构性改革和经济多元化并未出现。通过货币贬值吸引游客和促进相对低附加值产品的出口,而不是寻求货币稳定,以及对人力资本、公共和私人资本投资以提高生产率的方式已经证明是不适当、不充分的经济战略。

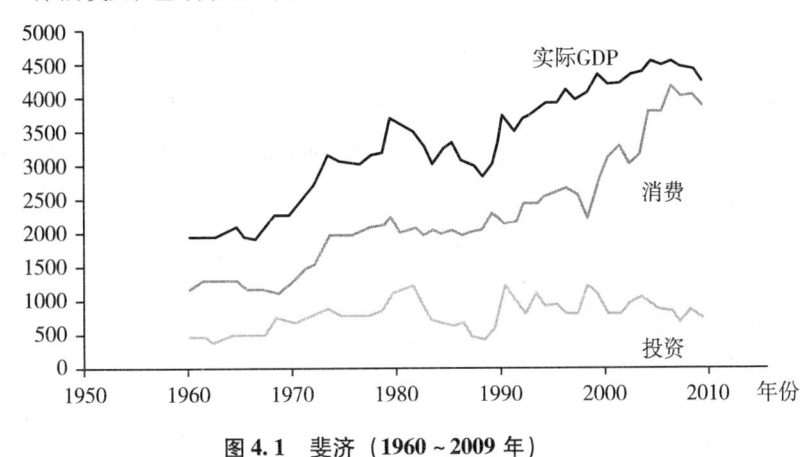

图 4.1 斐济(1960~2009 年)

资料来源:Penn World Table 7。

成功:越南

和斐济相比,越南近几年的经济更加稳定和成功。越南的战争持续了一个多世纪,可以追溯至 19 世纪 60 年代越南成为法国种植园殖民地之时。经历了独立斗争,两次世界大战和后续一直持续到 1976 年的以第二次越南战争为止的两次战争。那时数百万人受伤或死亡,或像斐济人一样移民国外,国内劳动力资源极度短缺。

到 1980 年,越南战争已经结束,但政治、经济和文化很难重新整合,经济几乎没有发展。斐济的人均 GDP(3593 国际美元)几乎是越南人均 GDP(657 国际美元)的 6 倍。但是到 2009 年底,大约 3000 国际美元的差距已经减半,约为 1500 国际美元。此外,1980 年斐济 GDP 的构成显示,投资和消费之间基本是

平衡的,而越南 GDP 的构成全部是消费(即资产枯竭或通过借贷而累计的债务);到 2009 年,情况发生逆转,越南 GDP 的构成是平衡的,斐济却靠借钱度日。

越南从遭受战争浩劫到相对成功的转变不是自动的。如图 4.2 所示,该国经济命运的改善不是始于 1976 年而是 1990 年。1986 年,越南领导人与之前中国的做法一样,批准实行社会主义导向的自由市场经济,在农业、工业和服务业的经济多元化中进行结构改革,使得国家在任一部门都较不易于受到冲击。冷战结束和随后的全球化热潮,增加了其市场化动力。咖啡种植和出口,以及腰果、大米、黑胡椒和其他农产品的种植和出口都在增长。即便如此,农业占 GDP 的比重仍在下降,工业占比上升,因为低技术制造业和高技能、高科技领域的外国直接投资是非常具有吸引力、可持续和成功的。农村劳动资源迁移至城市中心,工业发展至少在经济上已能吸纳他们。最近,海上石油勘探已经开始。因此,即使高度依赖国际贸易和金融,但越南已经做得远远好于斐济。

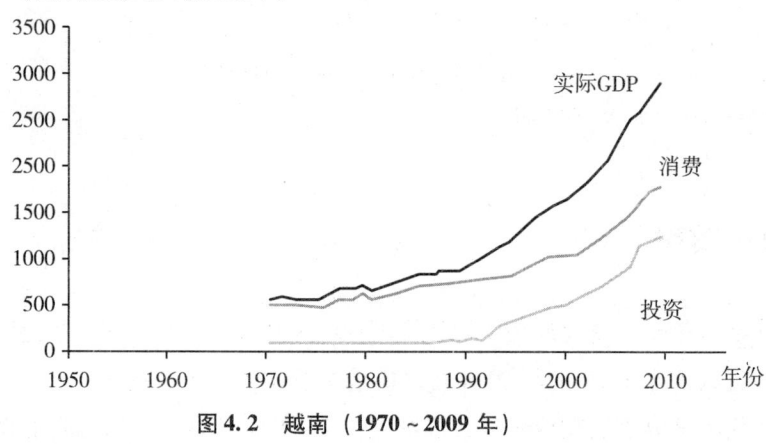

图 4.2 越南(1970~2009 年)

资料来源:Penn World Table 7。

越南最近的成功得益于国内、邻国以及全球的贸易机会。只要中国劳动力和制造业成本继续上升,制造业订单就会向南转移至越南。然而一个拖延已久的政治决定才让这些机会得以实现。1997 年东亚金融危机重创印度尼西亚、泰国和该地区的其他国家,但对越南经济的影响微乎其微。毫无疑问,和 20 世纪 70 年代中国香港地区、新加坡、韩国和中国台湾地区一样,政治稳定和经济开放是越

南吸引私人商业兴趣的一个关键因素。但在一系列的全球排名中，如竞争力、人力发展、营商便利性、经济自由、对腐败的看法，以及其他指数等，越南排名不高。这表明越南经济在沿一条政治推动贸易机会的狭窄渠道发展，是不能独立和持续的。截至2007年底，40%的GDP仍是由国有企业（SOE）创造的。越南领导人在为经济安全和社会稳定而进行的经济增长管制上，做出了令人敬佩的工作；但一个潜在的缺点是，无意中将经济逼到一个墙角，政策灵活性受限于一系列令人不快的选择。

政策教训与忠告

教训4.1 战争、内战和犯罪会影响一国的国际收支平衡、货币价值和贸易地位，从而影响通货膨胀、就业和经济增长。

教训4.2 自愿贸易，无论是国内还是跨国界的，都是互惠互利的。

教训4.3 世界贸易组织的统计数据反映了两个重要事实：第一，国际商品贸易由邻国效应（区域内贸易）主导，这进而又和交通运输基础设施高度相关。第二，世界制造业产品贸易的增长速度要快于燃料和矿产品贸易的增长速度，而后者又略快于农产品贸易的增长速度。两个重要事实都对内陆基础设施薄弱而相对缺乏技能人口、饱受战争折磨的国家都不利，需要及时纠正这些领域的不足。

教训4.4 没有必然的自然资源诅咒，但多元化发展失败会造成对自然资源不适当和脆弱的依赖，从而成为暴力冲突的焦点。

教训4.5 相对国外务工人员向国内汇款和外国直接投资，国外援助是很小的。将全球贸易从保护主义中解放出来，释放给饱受暴力折磨国家的援助要比官方发展援助大得多。

教训4.6 没有一种完全正确的汇率制度适用于所有情况。适当的货币管理对防范货币黑市或投机性货币攻击很重要，货币黑市或投机性货币攻击可能会将国家置于严重暴力状态下。

教训4.7 暴力和货币之间的密切联系令人咋舌。它们可以造成数十年的经济衰退，导致冲突突然、迅速爆发，以至于除了前瞻性的和预防预期，几乎没有防御。

教训 4.8　国际贸易和金融领域存在非常多的公共、私人及公私混合的全球组织。除了国际货币基金组织和世界银行，整体而言，它们没有直接参与阻止人际间冲突和集体暴力的议题，但它们应当参与。

5 设计与推进和平

在 1989 年以来结束的冲突中,那些通过和平协议结束的冲突(战争)再次发生的比率(14%)大大低于全部冲突再次发生的比率(47%)。以一方彻底胜利结束的冲突再次发生率为 45%,而那些胜负模糊不清的冲突则全部再次发生了。这与其他一些发现相一致,这些发现表明联合国支持的和平协议以及慷慨的发展援助比单一的军事胜利产生了更好的结果。

——联合国开发计划署(UNDP)①

战争的再次爆发,或者说战争接着战争,是普遍的。有估计表明,近年来所有结束的内战中有 1/5 到一半在几年内的时间里再次爆发,再次发生率很高。②在设计和平中需要应对的引起战争再次发生的风险因素包括:"人均收入低、经济增长疲弱、存在社会经济横向不平等,以及大量的高价值自然资源……特别是出现了青年人的高失业率。"③横向不平等是指从文化角度区分的不同群体之间的不平等,而不是群体内部的不平等,它取决于:

> 冲突后政治体系的包容程度如何。冲突本身是否已经修复了这些不平等,就像成功的民族区域分离那样。之前被排除或边缘化的群体或地区是否已通过和平协议的实施获得了更加平等的经济及政治地位。之前与实际或被视为歧视受迫害群体相关联的诉讼是否令人满意地解决了,(以及)冲突后建设和平及发展的情况怎样影响群体内部关系的动态变化。④

---

① UNDP, *Post-Conflict Economic Recovery*, 17.
② 在 21 世纪 10 年代,这 10 年内开始的所有 39 个暴力冲突的 90%,也在前一个 10 年中发生了冲突。参见 World Bank, *World Development Report* 2011, 58, Table 1.2。
③ UNDP, *Post-Conflict Economic Recovery*, 17.
④ UNDP, *Post-Conflict Economic Recovery*, 20.

和平经济学

和平条约应不仅仅局限于遵从自由市场,应该涉及健康、稳定、公共部门能够实现的宏观经济框架。这些事情本身必须被置于一个更高级别水平的制度或条约设计的经济学原理之中。通过外交、军事或外国援助渠道进行的第三方干预并非总是更好的选择。第三方的既得利益能够影响这些设计,并可能会破坏和平。

设计经济学

经济学的某些领域研究社会机制及其设计与机理。[①] 这些经济学已被应用于设计最大化收入的拍卖,例如,政府可以采用这些拍卖向相互竞争的移动电话、广播和电视公司分配部分电磁波段使用权。默认选项设计是另一个例子。在美国的退休制度中,由公司提供退休金缴纳福利的大部分雇员都必须选择是否参加这个福利计划。如果他们选择参加,其收入的一部分会作为来自雇主的额外收入,与享有税收优惠的股票、债券、房地产或他们选择的其他基金归在一起。如果一个特定雇员没有选择参加福利计划,他的薪金不会减少,但其雇主也不会缴纳。事实证明,在选择参加的要求下,有相当大比例的雇员没有做出选择,他们放弃了稳定积累的退休储蓄、税收优惠和来自雇主的缴费。然而,如果设计为选择不参加,大部分员工仍不会做出选择。简单的惯性或默认选项原理似乎可以解释人们的选择行为。[②]

选择架构:自觉且有意的激励设计,以阻止不希望的并鼓励希望的个人行为,使得社会系统作为一个整体朝向所希望的结果前进。

寻租:通过试图改变政治、经济和文化规则以有利于某人获得不应得的收入,而非通过公平竞争和富有成效的努力获得收入。

类似地,对和平经济学的一个挑战是从设计视角来理解和平的失败与成功(在产业组织领域中,这被称为结构、行为和绩效三元组,或称为规则、策略和

---

① 近年来诺贝尔经济学奖的授予情况已经表明了这一点,例如,2005 年授予了谢林(Schelling),2007 年授予了赫维茨(Hurwicz)、马斯金(Maskin)和梅耶森(Myerson),2009 年授予了奥斯特罗姆(Ostrom)和威廉姆森(Williamson)。

② D. MacFadden, "Free Markets and Fettered Consumers", presidential address, American Economic Association, Boston, MA, January 7, 2006. http://elsa.berkeley.edu/~mcfadden(2011 年 12 月 6 日访问)。

结果），并要发现新机制以在各个群体内部和群体之间实现稳定的和平。正如塞勒·桑斯坦（Thaler Sunstein）所言①，结构或者选择架构是指有意的激励设计，以阻止不希望的并鼓励希望的个人行为，引导人们做出选择，使得社会系统作为一个整体朝向所希望的结果前进。在退休的例子中，从选择参加到选择不参加这个合同条款的简单变化改变了人们的选择，得到了希望的结果，即更多人为他们退休时期进行储蓄。

从设计的角度看，为什么人们、企业、政党或既得利益者都奋力修改规则，为什么追求权势、游说、寻租、贿赂和腐败是如此普遍，就变得清晰了。在这个链条里存在着一个强大的令人信服的逻辑，从后向前看，个体行为的加总产生出社会结构；而反过来，这些行为来自于基本规则。困难并不在于理解人们的行为——无须质疑人们对激励做出反应，困难在于理解哪些规则以及规则的组合会引致众多相互作用、利己的团体做出哪些行为反应，以及导致哪些最终结果。问题是复杂的，特别是在社会系统中，针对性实验是困难的或不可能实施。

可能且已有人认为，人类历史就包含了一系列关于设计和平的巨大自然实验，已从那些产生于这些自然实验的，在政治、文化和经济方面获得成功的社会中汲取了一些经验，这些经验累积到今天形成了对民主、法律制度和自由市场经济的呼唤。② 即使是这样，这些结果的质量在各个社会之间也是有差异的，引出了这样的问题，什么样的结构差异会使得在一个地方实现的持久和稳定的和平在另一个地方却无法实现。③ 我们正在寻求一种市场规则，一套得到相互认可且能够实施的规章，社会据此运行，以及重构社会契约。在稳定和平的设计中关键因素是什么呢？

---

① R. H. Thaler and C. R. Sunstein, *Nudge: Improving Decisions about Health, Wealth, and Happiness* (New Haven, CT: Yale University Press, 2008).

② 参见，如 K. Binmore, *Natural Justice* (New York: Oxford University Press, 2005)，关于公平规范、道德准则和公正概念演化的论述。

③ 这里没有假定存在唯一和一致的结构；多种结构能导致令人满意的结果，这是更加可能的。

社会契约与和平设计经济学

正如在第 1 章中所讨论的，尽管对社会资本缺乏统一定义和测度，它仍可被视为一种由人类建立的社会和公共网络所构成的资产。社会资本可能体现在正式和非正式制度及其产品（如钞票）中，但它更可能是无形的，例如社会成员之间以及对于陌生人的信任。① 总的来说，这些网络代表着成就的积累，一旦被摧毁，重新建立是极为困难的。在缺乏这些网络时，生产、市场和获得收入的机会将消失。

如今，事实上所有社会都在使用法定货币，这些本质上毫无价值的纸币变得具有价值并非因为政府当局这样讲，而是它获得了那些使用者的广泛接受。公众将价值赋予了钱，这使得钱成为一种社会虚拟、一种公众信念，或者正如当代佛教哲学家肯·麦克劳德（Ken Mcleod）所称，一种"集体思维"。② 如果人们对货币不具有信心，就会转向其他资产，例如贵金属，特别是黄金。因此，恶性通货膨胀是可怕的幽灵：一旦人们丧失了对货币价值的信心，没有卖家愿意接受它，即使买家付出巨大数量。与此同时，经济体中充斥着货币，并耗尽了其最重要的润滑剂。战争经济往往会经历通货膨胀，与和平经济相比，会失去更多对受影响货币的信心。

社会契约： 一种包含关于社会凝聚力、信任和获得广泛认可的规则，以及外部或实施自我监管机制的框架。

社会契约的基础是集体思维和社会资本。曼苏布·穆尔希德（Mansoob Murshed）观察到，"某些社会尽管具有使其卷入内战的诱发因素，例如横向不平等、两极分化和自然资源租金，但并未恶化为冲突"，并在表面因素的掩盖之下"其他因素在发挥作用，特别是一个正在弱化的可被描述为社会契约的因素，它延续

---

① 一些学者已经注意到社会资本可能会适得其反。如果它由信任和网络力量构成，那么当犯罪网络拥有更多社会资本时，其将运转得更好。还可参见 P. Seabright, *The Company of Strangers: A Natural History of Economic Life* (Princeton, NJ: Princeton University Press, 2004)。

② 参见 http://www.unfetteredmind.org/money-mediatio；还可参见 J. Brauer,"Money and Values", *Stone Garden Economics*, 可从 http://stonegardeneconomics.com/blog/? p = 993 获得（2012 年 1 月 13 日访问）。

了古典思想家如霍布斯（Hobbes）、洛克（Locke）和卢梭（Rousseau）的思想。"他继续写道：

> 即使掠夺资源租金确实构成可观的激励，暴力冲突也不可能发生，如果一个国家拥有广泛认同的规制框架，包括正式的和非正式的，以此控制资源（包括资源租金）分配，并促成对申诉的和平解决。一个可行的社会契约能足以约束（如果不是消除的话）机会主义行为，例如大规模盗取资源租金以及对于不满的暴力表现。①

因此，所需的就是重新构建一个"被广泛认可的规则框架"，包括社会凝聚力、存在信任的经济体，以及相信信任实施机制。穆尔希德将社会契约的质量同经济绩效联系在一起：

> 更高的人均收入意味着社会契约、机制和国家能力能更好地发挥作用。然而经济发展，即使最终消除了冲突动机，如果经济增长不是扶贫且不利于某些团体，那么在一开始也可能会在匮乏的制度背景下增加暴力冲突。②

世界银行《世界发展报告（2011）》赞同这些观点，呼吁和平、公正和工作，它注意到这些任务要求重新建立人们对社会机制的信心和信任。但无论是穆尔希德的文章还是世界银行的报告，都没有特别关注实现社会契约的政策环境。在下面的内容中，我们列出了和平协议设计者必须要遵守的一些重要原则。它们不能确保和平，但它们会降低失败的可能性。

系统控制理论表明，经济制度设计要满足三个必要条件：③ 必须有一致的目标，必须度量遵守目标或偏离目标的方法，以及必须存在一种修正机制。这就是目标、反馈和实施的三元组。这种用于预防系统失灵的机制也是人所周知的。关键问题是如何建立这些机制使得它们能够完成其既定功能。一般而言，私人市场提供了这些机制，但它也表明，缔造和平与维持和平易于受到严重市场失灵的影响。因此，有必要考虑建立提供和平服务的集体机制——显然，这也可能失败。

下面描述了建设和平机制的十二条设计原则，遵从这些原则，应该能够解释

---

① Mansoob Murshed, "Conflict as the Absence of Contract", *The Economics of Peace and Security Journal*, Vol. 4, No. 1 (2009), 35.
② Mansoob Murshed, "Conflict as the Absence of Contract", 36.
③ 参见 D. Fischer, *Nonmilitary Aspects of Security: A Systems Approach* (Aldershot UK: Dartmouth, 1993)。

成功地缔造和平及弹性地维持和平行动。① 反过来说，不遵守或违反这些原则将可以解释战争持续或再次爆发。有选择地应用这些原则将使和平前景黯淡：这些原则是迈向和平选择架构的步骤，应被视为一个完整，且相互加强的整体。事实上，这些原则是和平经济学定义的基础，和平经济学被定义为"指对政治、经济和文化机制，它们之间的相互关系，及其相关政策的经济学的研究与设计，以防止、减少或解决各个社会内部和之间任何类型的潜在或实际暴力冲突，或其他破坏性冲突。"②

和平经济学：指对政治、经济和文化机制，它们之间的相互关系，及其相关政策的经济学的研究与设计，以防止、减少或解决各个社会内部和之间任何类型的潜在或实际暴力冲突，或其他破坏性冲突。

改变支付原则

为了引导人们采取合作行为，我们必须最小化非合作激励，最大化合作激励。违反和平谈判的强烈动机使许多战争被拖长了。20世纪90年代，安哥拉完全独立全国同盟开采和销售天然钻石的能力创造了现金流。同样地，安哥拉政府开采和销售原油的能力使其得到了很好的资金支持。双方都资金充沛，无任何资金压力去和解。相反，在莫桑比克，当冲突双方资金耗尽时

---

① 这一部分的基础是 J. Brauer and D. Fischer, "Building Institutions for Peacemaking and Peacekeeping", in J. Brauer, J. Galbraith, and L. Webster, eds., *Economics of Peace and Security* (Oxford：EOLSS, 2009), 148 – 159；J. Brauer, "Developing Peacemaking Institutions：An Economist's Approach", in Geoff Harris, ed., *Achieving Security in Sub-Saharan Africa：Cost-Effective Alternatives to the Military* (Pretoria, South Africa：Institute for Security Studies, 2004), 137 – 153；J. Brauer, "Theory and Practice of Intervention", *The Economics of Peace and Security Journal*, Vol. 1, No. 2 (2006), 17 – 23。这项工作的基础是 R. Axelord, *The Evolution of Cooperation* (New York：Basic Books, 1984)；E. Ostrom, *Governing the Commons：The Evolution of Institutions for Collective Action* (Cambridge：Cambridge University Press, 1990)；T. Sandler, *Global Challenges：An Approach to Environmental, Political, and Economic Problems* (Cambridge：Cambridge University Press, 1997)；以及其他。

② J. Brauer and R. Caruso, "Economists and Peacebuilding", in R. MacGintry, ed., *Handbook of Peacebuilding* (London：Routledge, forthcoming)。

5　设计与推进和平

和解了。① 改变支付的能力能够改变冲突参与者的行为。因此，必须校准和平协议设计，使激励、支付与合作相匹配。

创造既得利益和领导力原则

如果两个参与者自身无法改变相关支付，就可能需要一种外部力量——一个领导者，进行干预。领导者是一个有能力改变支付结构或博弈规则的参与者。做到这一点，可以通过如提供或拒绝给予高级军事情报，武装一方迫使另一方要求谈判，还可通过撤回已有支持给双方施加战斗成本来达到这一点。② 但领导者通常不是中立的（见下文）且都需要使其自身获得正的收益；不然领导者为什么进行干预呢？③ 卢旺达在 1994 年几乎未采取任何行动，直至成千上万人被杀戮之后。没有足够的既得利益去阻止萌芽状态的危机，自 1990 年以来，战争一直

---

① "（与如安哥拉和利比里亚相比）由于莫桑比克相对缺乏易于开采的自然资源，战争结束是内生决定的。无论政府还是莫桑比克全国抵抗组织（RENAMO）在经济上都没有能力继续战争，在 1991～1993 年资金耗尽时，被迫达成了和解。"T. Brück, "War and Reconstruction in Northern Mozambique", *The Economics of Peace and Security Journal*, Vol. 1, No. 1 (2006), 31。耗尽资金成为战争结束的原因，不仅只在现代如此。参见，例如，C. Marichal, *Bankruptcy of Empire: Mexican Silver and the Wars between Spain, Britain, and France, 1760-1810* (New York: Cambridge University Press, 2007)，讨论了西班牙帝国的墨西哥殖民地独立后，资金流入停止，它继续同法国和英格兰作战遇到了困难。同样，当财力耗尽时，奥地利、普鲁士和俄罗斯的争斗在弗雷德里克大帝（Frederick the Great）统治时期（1740～1786 年）也需要至少是间歇性地中断战争。参见，U. Oster, *Preußen: Geschichte eines Königreichs* (München: Piper Verlag, 2011)。发明战争债券，很重要的原因是为了给战争提供资金，参见，Ferguson, *Ascent of Money*。

② 一个真实的例子："在 1996 年 10 月，即《代顿（Dayton）和平协议》签署后一年，国际社会驻波斯尼亚高级代表比尔·卡尔特（Carl Bildt）面临一个危机。莫姆契洛·克拉伊什尼克（Momcilo Krajisnik）——被起诉的战争犯拉多万·卡拉季奇（Radovan Karadzic）的亲密伙伴，刚刚获得了波斯尼亚三人集体总统职位，但他摆出了继续在波斯尼亚塞族地区无视《代顿和平协议》统一波斯尼亚目标的姿态，现在他拒绝出席在萨拉热窝举行的总统宣誓就职仪式。他的拒绝可能会破坏从成立之初就非常脆弱的新波斯尼亚国家。比尔特做出了回应，他派遣其负责经济重建的高级代表前往波斯尼亚塞族在帕莱的总部，世界银行、欧洲复兴开发银行、欧盟，以及克林顿总统负责重建的特别使团的常驻代表作为随同。他们共同发表了一份措辞严厉的警告：如果克拉伊什尼克没有出现，那么将没有一分钱的重建援助流向塞族共和国。四天后，克拉伊什尼克出现在萨拉热窝的仪式上。"引自 J. Boyce and M. Pastor, Jr., "Aid for Peace: Can International Financial Institutions Help Prevent Conflict?", *World Policy Journal*, Vol. 15, No. 2 (1998), 42。

③ 仅仅是在非常新的文献中才正式表明第三方干预对创造和平的目标来说并不是必需的。参见，Yang-Ming Chang, Shane Sanders, and Bhavneet Walia, "Conflict Persistence and the Role of Third-Party Interventions", *The Economics of Peace and Security Journal*, Vol. 5, No. 1 (2010), 30-33; Joel Potter and John L. Scott, "Issues in Third-Party Intervention Research and the Role of Destruction in Conflict", *The Economics of Peace and Security Journal*, Vol. 5, No. 1 (2010), 26-29。还可见下文内容。

— 97 —

在进行。与之相对,在20世纪90年代早期,当大量海地难民到达佛罗里达海岸时,美国政府进行了干预,因为美国具有既得利益去阻止那些人进入。同样地,在20世纪90年代的巴尔干战争中,初期的既得利益者要把屠杀带到巴尔干半岛;当大量难民涌入更加富有的西欧国家时,当出现了暴力冲突扩散至邻国的危险时,欧盟——实际是北大西洋公约组织(NATO)进行了干预。因此,培育和平的方式之一是要有意地设计和触发预防性的而不是治愈性的既得利益者。①

渐进互惠和清晰原则

研究已经表明,针锋相对策略可能是非常成功且稳定的。假设有两个参与者A和B。在第一轮互动中A与B合作;之后,A总是根据B在前一轮博弈中的做法选择策略。如果B合作,A在下一轮中也将合作;如果B背离了合作,A在下一轮中也将如此。如果B做出让步,A也将这样做;如果B没有做出后续让步,A也如此。这个策略显然是清晰的,并且能够自动建立其声誉效应以及可置信的合作承诺。无论哪种方式,对B而言都无须再次猜测A将做什么。此外,针锋相对策略不存芥蒂,原谅过去的背离:参与方A愿意继续合作,只要参与方B再次合作。然而,如果B误解或不信任A,这个策略将带来一系列相互背离的行为。因此,学者们建议A采取一种渐进回应策略,对于被挑衅显示出有限能力,如果他希望实现和平。这意味着如果B背离,A也将如此,但要低于彻底背离的程度。如果B没有做出后续让步,A反过来提供一个非常微小的后续让步。如果B继续背离,A也将逐渐过渡到彻底背离。这样参与方B将会失去所有来自于合作的收益。

2011年春夏季,在利比亚起义中出现了一个非渐进回应,利比亚领导人穆阿迈尔·卡扎菲(Mouammar al Gaddafi)拒绝放弃政权。选择设计既定时,卡扎菲或者殊死奋战,或者面对抓捕和海牙国际刑事法庭(ICC)的审判。毫无疑问,预测到审判的不利后果,卡扎菲继续战斗,这给利比亚人民的和平与福利带来了可怕的结果。一种渐进回应或许能够提供流放到另一国家的退出选择。如果

---

① 干预也可能是无意识的:中国的经济增长已经刺激了其更大程度地参与国际原材料市场。仅仅是出于保证其投资安全的考虑,中国被拖进了非洲的争斗,将对和平与安全做出至少是最低限度的努力,以保卫其资源开采和供给线。

卡扎菲没有接受，那么就实施更加强硬的回应。但是国际刑事法庭的这种设计不允许任何流放选择，法庭的成员国有责任抓捕和移交被起诉者。

重复、小步幅原则

与单一、全面的和平谈判相比，采取众多更小型谈判可能是更为有效的。这增加了会见的频率和全面互动的持续时间，而这种互动会给成功带来风险。但如果一轮小规模谈判能得到合作性结果，那么双方都要承担一旦他们没有继续合作会失去已经获得的收益和丧失未来收益的风险。针对以色列—阿拉伯冲突毫无成效，与之相对的是，最终形成欧洲联盟的构建和渐进扩张的做法。前一种方法有时候可能是防止谈判成功的策略。

形成共同价值原则

在1978年的一本论文集中，托马斯·谢林（Thomas Schelling）介绍了他与孩子们玩过的一个游戏。① 他拿出一个棋盘，将黑子和白子随机但并非彻底混合地放置在棋盘上，并留下一些空格以便能够移动这些棋子。然后他设定了一个规则，每个棋子周围相同颜色的棋子越少越好，也就是每个棋子都希望其邻居不是单一颜色的，但不能到另一种颜色的棋子成为主导的地步。这个规则决定了可接受同质性的最大程度：如对位于中心的棋子而言，8位邻居中不能有超过5位是相反的颜色，对位于边缘的棋子而言，则是5位中不能超过3个。如果某个位置超过了这个限额，那么相关棋子就要被移到能够满足该规则的空白格子上。对各种不同同质程度中的每一个，谢林都发现为了满足规则进行一系列移动后，形成了黑、白棋子间隔排列模式。看上去是被强制分隔的，但或许是资源融合的结果：相似的东西彼此相互吸引，当他们这样做时，他们似乎促成了对立群体。

然而如果有人能改变棋子的偏好，如使每个棋子认为它自己是灰色的，那么任何程度的混合都可接受，移动的发生是源于除颜色（或身份）之外的其他原因。简单来说，我们需要发现并培育那些将冲突参与方捆绑在一起而非分离开

---

① T. Schelling, *Mircomotives and Macrobehavior* (New York：Norton，1978）.

的东西。① 形成共同偏好超越其他类型的分歧,能使有可能为共同利益合作想法相似的参与者形成自愿融合。这一点适用于个体、团体和国家,能够解释原本是敌对状态,在谈判中了解到他们拥有相同的价值观,例如领导力、政治触觉、对各自民众的关心,并最终彼此相互尊重。② 这个原则也解释了尽管存在分歧,为什么在文化上相似的国家往往合作得好。政治和经济体制、宗教信仰、语言和文化传承的相似性尽管不能保证,但往往建立起了不同国家之间的纽带,以促成众多合作性行动。较大的群体规模本身并不必然意味着形成共同价值的集体行为是不可能的,较小的群体规模也并不必然会促进其形成。

真正权威原则

和平协议谈判会涉及很多人,因此它是个集体而非个体的行为,受到这样集体行为影响的人们在形成决定时必须要有一个声音。这就引发了这样的问题,在和平谈判者中怎样产生权威代表其他人发言,这又牵涉到如下问题,如在文化上得到认可的代表形式、组织和集会的权利、人民解决自身问题的能力,以及寻找当地解决方案的能力。③ 如果在谈判中没有真正的代表,和平可能是不稳定的。不满的群体可能继续争斗,如果他们认为他们的问题并未得到关注。为了防止不满和暴力冲突,多数人需要保证少数群体与其他人一样的权利,例如宗教信仰自由。由于关注点是代表,随着那些受影响群体需要解决的老问题的消失和新问题的出现,这一原则允许制度不断地自我调整。所有的声音都需要被倾听,令人满意的解决方案可能是非常不同的。④

---

① Schelling, *Mircomotives*. 他用数学方法证明了这一点。还可参见,A. Sen, *Identity and Violence: the Illusion of Destiny* (New York: Norton, 2006); G. A. Akerlof and R. E. Kranton, "Economics and Identity", *Quarterly Journal of Economics*, Vol. 155, No. 3 (2000), 715 – 753; 以及 G. A. Akerlof and R. E. Kranton, *Identity Economics: How Our Identities Shape Our Work, Wages, and Well-Being* (Princeton NJ: Princeton University Press, 2010),关于身份的经济学。

② 当然,在宗教或其他信念背景下,在形成共同价值以激发一个全体反对另一个时,超越可能会被滥用。

③ 代表制要求这样的认识,那些成为谈判团队的人们是通过一定程序选择出来的,这个过程是一种集体行动。我们不能简单假设参与方 A 和参与方 B 是统一的行动者。相反,我们必须通常假设群体内部的利益也会一直起作用,这会使参与方 A 和参与方 B 的官方谈判者对任何问题进行实际谈判变得不可能。参见,如 Anderton and Carter, *Principles of Conflict Economics*,以及这里引用的文献。

④ A. O. Hirschman, Exit, Voice, and Loyalty: *Responses to Decline in Firms, Organizations, and States* (Cambridge, MA: Harvard University Press, 1970); Ostrom, *Governing the Commons*.

辅助性原则

根据辅助性原则，应该以最低的必要程度解决问题。更高程度的外部参与（如来自全球性机构）或许并不是对问题理想的第一反应①；许多冲突最好是在当地层次上解决，根本不涉及任何外部干预者。毒品政策全球委员会在2011年6月指出，联合国成员国法定遵守的1961年《联合国麻醉品单一公约》已阻碍了对其他可替代政策的尝试。② 在该公约现行的规定下，成员国停止进步，阻碍甚至适应了环境的不断变化。这就违反了辅助性原则：长达50年的联合国层次的高级规则限制了公约成员国怎样应对当地的现实情况去限制非法毒品贸易。通过定期审查会议改变制度设计以符合自下而上的实践经验，将是有帮助的。③

冲突解决机制原则

缔造和平与维持和平依赖于协议，但对于协议的分歧会出现并会导致冲突重新开始。为避免分歧升级，参与方必须求助于冲突解决机制，例如调解、仲裁以及一系列司法程序。这些机制的脆弱与缺失不利于缔造和平与维持和平，并增加了失败的可能性。外部干预者能够帮助提供这些机制，例如，形成世界贸易组织（WTO）的具有法律约束力的条约文件（见第4章），明确提出了组织的争议解决机制，如在一个论坛上发表并解决分歧，否则有可能会诉诸一些有害的方式。土耳其一直被排除在欧盟之外，欧盟的机制成了一个反例：如果没有采用欧盟机制，希腊和土耳其就缺少了一个解决它们之间紧张态势的途径——一个可能在土耳其成为欧盟成员的话所形成的共同价值原则下操作的途径。当然，当双边谈话失败后，参与方必须首先同意要寻求外部解决，并且必须确保不会违背。柬埔寨和泰国对最受尊崇的庙宇柏威夏（Preah Vihear）周边土地进行争夺，发生了多次小规模武装冲突，它们通过向海牙国际法院的陈述以寻求解决。为了防止参与

---

① Sandler, Global Challenges, 38 – 40.
② Global Commission on Drug Policy, *War on Drugs*: *Report of the Global Commission on Drug Policy*, 2011, 可从 www. globalcommissionondrugs. org 获得（2011年12月6日访问）。
③ Global Commission on Drug Policy, *War on Drugs*.

方的违背行为，必须同时使用其他原则。也就是，这些原则不能单个出现，它们是一个整体。

信息和监测原则

信息减少了不确定性，有助于创造共享价值，并能对预期收益以及成本和行为选择做出更好的预测。虚假信息能带来不确定性、错误的确定性、价值分化以及更差的预测。由于参与者可能在制造虚假信息方面存在既得利益，保持一个多元化、自由的新闻制度对帮助缔造和平和维持和平至关重要。外部参与者能够提供额外监测；先进的工业化国家，如会间或与其他国家分享它们的外太空卫星监测的结果。然而这些政府监督是独有的，因此政府会根据自身利益决定哪些监督可以公开；相反，商业卫星网络也能够监测，并公开军队和装备动向，相关信息能够很容易买到或出售，从这个意义上讲，这些网络的定价结构是无所不包的。一些人可能会反对说，以这种方式所涉的商业利益可能会帮助巩固强制型政府，或者帮助游击队推翻合法政府。但商业信息或许更加可能促成谈判，因为当关于双方力量和动向的信息更加易于获得时，赢得战争会更为困难。

问责原则

如今，领导人在发动战争时保持匿名几乎是不可能了，由此问责就出现在了国际舆论面前。有了准确的信息，就能够确认和指定个人对战争行为和战争犯罪的责任了。但仅仅了解谁做了什么还不够。问责就成了常设国际刑事法庭的执行方式。任何将来的战争制造者都事先知道他将会对其行为负责。问责的另外一方面与真正权威有关：阻碍和平谈判和延长暴力冲突或战争的一种方式是派遣那些未被授权做出可信的、有约束力承诺的初级官员，或在谈判过程中更换谈判者。代表必须具有连续性，使得小部分人能够为他们在谈判中的行为承担责任。

实施自我监管原则

在缔造和平与维持和平领域中，有两种实施方式：外部监管和自我监管。外

部监管会遇到各种各样的问题。例如，联合国维持和平部队是根据其任务获得资助的，而且他们往往行动过晚和力度过小而难以对冲突形成有效干预。如果自我监管能够完成，这种实施方式更受青睐，但这要求对激励机制的正确设计，使得参与者偏爱合作而非背离。为什么贸易是成功的，其中一个原因是获得未来贸易合同的前景使参与者愿意履行当前合同以满足另一方参与者的要求。"未来可能性"极大地影响着当前行为。① 同样，自我监管与监督和互惠原则有关联。如果监督表明参与者 A 在合作，一项自我监管协议可能会引致参与者 B 在未来合作，因为预期到在未来会获益。从这个方面看，通常更有效和富有成效的方法是赋予参与方相互监督能力，而不是依赖外部监督；尽管可能存在例外，如当考虑规模经济或嵌套时，至少将部分监督功能外包是值得的。

嵌套原则

规模经济、范围经济和学习经济或许有利于嵌套机制，它促进协调和互补性。当前的联合国体系就是规模经济的例证。在一个联盟组织的支持下，众多专业化功能被组织起来了。和平谈判不可能显示出规模经济（每一个案例都是不同的），但维持和平的努力却可能做到。这表明固定的国际维持和平部队具备可能性，或许可以使用私人军事公司，就像已经在保护人道主义援助的工作人员。当达到预先设定的触发点时，这或许能与要求自动行动原则结合起来。非洲联盟宪章已规定其任一成员国非民主方式的政府更迭将导致成员资格自动丧失，而且这个指令已被多次执行。②

这十二条设计原则并不能确保和平，但它们有助于防止和平的失败。尚未有人提出也未发现它们的优先排序，排序可能是依具体情况而定的。其中一些原则适用于遭受暴力冲突折磨国家的宏观经济。支持社会重建中的建设性参与者，而

---

① Axelrod, *Evolution of Cooperation*.

② 在 J. Brauer, "Regional Peace as an International Public Good: Collective Action in Southern Africa", in J. Brauer and K. Hartley, eds., *The Economics of Regional Security: NATO, the Mediterranean, and Southern Africa* (Amsterdam: Harwood Academic Publishers, 2000), 313-314 中提出了关于自动性的想法。对私人军事公司的经济学分析，参见 J. Brauer and H. van Tuyll, *Castles, Battles, and Bombs: How Economics Explains Military History* (Chicago: University of Chicago Press, 2008) 第 8 章；还可参见 D. Richemond-Barak, "Rethinking Private Warfare", *Law and Ethics of Human Rights*, Vol. 5, No. 1 (2011), article 5, 可从 http://www.bepress.com/lehr/vol5/iss1/art5 获得（2011 年 12 月 6 日访问）。

不是保留收益,这样的财政政策改变了社会成员的支付,也符合形成共同利益原则。长期投资或援助创造了成功实现和平的外部既得利益(如中国在非洲的行动)。分离政策制定、财政支出和服务交付的功能符合辅助性原则(将决策移交到地方层面)和自我监管原则(通过赋予客户向支付机构投诉的权利,由此能够选择备选供给商)。和平谈判者及其助手应当认识到,不仅经济学原理出现在和平条约中是重要的,而且他们应该遵守一系列更高级的也是以经济学为基础的原理。在同样具挑战性的情况下,一些国家被暴力打垮了,而另外一些则没有;一些国家经历了相对强劲的经济增长,而另一些则没有。[1] 许多差异都是与决策制定和决策执行机制性质有关,转而这些机制又与机制设计是否相符(这里列出的更高级原则)有关。世界银行《2011年世界发展报告》详细汇报了制度合法性(真正权威)、足具包容性的联盟(形成共同价值),以及对持续外部支持的需求(创造既得利益)。我们的罗列更全面并更系统,但在任何一种情况下都很明确的是,所需要的研究仅仅是刚刚开始。

第三方干预

第三方干预,无论是外交、军事行动或者外国援助,都不是直接的[2]:21世纪初的阿富汗和伊拉克战争表明,即使是(自以为)出于善意的干预,也能使遭受暴力折磨的人们生活得更糟糕。和平进程中的外交斡旋可能极为重要。在某些情况下,对于将参与方拉到谈判桌前并进行谈判而言,军事支持是有必要的。在塞拉利昂,英国武装力量的加入,对迫使反抗领导人进行谈判来说很重要。正如所讨论的那样,援助可能是重要的,援助的条件性——威胁或承诺、改变支付,也是如此。[3]

但第三方从来不会仅是仁慈的。他们有私利并要实现这些利益:古巴干预安哥拉、美国干预越南、俄罗斯干预阿富汗、北约干预巴尔干和利比亚。它们给一方的支持会多于另一方,在谈判中推行它们自己的时间表,并把援助与它们自己

---

[1] 参见,Murshed, "Conflict as the Absence of Contract"; UNDP, *Post-Conflict Economic Recovery*.

[2] 这一部分以 Brauer, "Theory and Practice of Intervention" 为基础,特别是第19~20页。

[3] J. Boyce, "Aid, Conditionality, and War Economics", working paper No. 70, Political Economy Research Institute, Amhest, MA, 2003.

的利益相挂钩。被迫进行的谈判首先会使发动武装冲突人的统治地位合法化,还可能使公民社会边缘化,这违反了真正权威原则。①

关于第三方干预的学术文献——理论的和实证的文献数量刚开始丰富起来。区别单边第三方干预和多边第三方干预是有益的,因为多边第三方干预要求解决自身的集体行动问题,特别是"搭他人贡献的便车"去解决共同问题,以至于可能只有最低程度的干预达成了一致;但或许这种干预太少了,以至于无法帮助参与者和陷于冲突中的民众。相反,单边干预不需要集体决策。② 那么,它的决定因素是什么呢?一位学者提出了八个相关因素。③ 第一,必须有一些事情是错误的相关信息。没有这些信息,没有发生冲突的邻国,根本无法采取任何行动,任何可能存在的人道主义本能也无法被激发出来;但即使拥有这些信息,缺乏能力或冷漠也会一事无成。第二点是对无冲突邻国的溢出效应或干扰,例如难民从一国流入到另一国。溢出效应越大,邻国越可能干预。第三是距离,更为接近的邻国会更为信息灵通,并更为关注。第四是关系,这可以抵消距离的影响。受冲突折磨国家的殖民关系或移民群体的原籍国,会使之前的殖民国或移民地主国更愿意提供援助。第五是来自邻国的滋扰,一个人越是被搅扰得心烦意乱,他就越不愿意或越没有能力提供帮助。第六是本国内的干扰,这会阻止一国去帮助其邻居。一国国内问题越多,它就越不愿或越无能力对邻居施以援手。第七是自身的经济和战略利益,例如保护贸易航线或获得国际地位(如参加维和行动)。第八是在实时条件下提供给军事(维持和平)训练的机会。

人道主义的意愿不在这些决定因素之内,预算成本也不在。维和往往是在更加残酷的情况下进行的。1956 年当华盛顿告诉巴黎和伦敦北约放弃苏伊士地区时,加拿大首次提出了维和行动。类似地,1960 年当比利时威胁要将北约拖出动荡不安的刚果时,加拿大派遣维和人员前往这个问题重重的非洲地区。加拿大参与的在塞浦路斯的维和行动与隔离北约成员国希腊和土耳其有关。④ 至于维和的预算成本通常是微不足道的,尽管遭到了反对,但至少与维持一直存在的国家

---

① M. Kaldor, *New and Old Wars*, 2nd ed. (Cambridge: Polity, 2006).

② 也就是说,在这里不同于单边干预者本国内的情况。例如美国和大多数其他主权国家,**决策被有效地委派给国家首脑**。因此,乔治·W·布什通过避免将其决策结果称之为战争,在并未得到美国国会正式投票支持的情况下派遣军队到阿富汗和伊拉克,而在其他情况下依据美国宪法国会表决是必需的。

③ Brauer, "Theory and Practice of Intervention".

④ 历史学家 D. 莫顿(D. Morton)评论说:"维持和平可能是理想主义的,但它也满足了冷战的需要。"参见,*Understanding Canadian Defence* (Toronto: Penguin Canada and McGill Institute, 2003), 17.

敌人的成本相比是这样的。

这个因素列表可以作为一个快速审查清单用来评估第三方国家进行干预以帮助创造并确保和平稳定的可能性，度量真诚度，并因此测度接受或不接受帮助的意愿。

机构与政策

在第2章，我们建议任何群体由三个社会构成：商业、公民和政治。商业社会通过市场分配资源，公民社会通过道德劝告分配资源，政治社会通过权力分配资源，这些社会应该得以很好地平衡，这也可以应用在缔造和平与维和中。政治社会与维和相关的工具包括机构，如联合国、欧洲安全与合作组织（OSCE）、北大西洋公约组织（NATO）、东南亚国家联盟（ASEAN）、西非国家经济共同体（ECOWAS）、南部非洲发展共同体（SADC）以及其他机构。非洲联盟与欧洲联盟类似，是政治社会，均由平等主权国家间的协议构成。

超国家机构的政策受到宪章或成员国一致同意的创立文件约束。联合国的主要目标是作为一个国际实体阻止国家间战争的爆发，但该组织受到其15个安理会成员国中5个常任理事国否决权的限制。这使得更加难以干预国内武装冲突，因为这要对国家主权施加影响。联合国采取的行动大部分是战后进行的。没有固定的维持和平部队，依据一事一议的原则对每次任务进行讨论，如果同意展开行动，则有时间限制。每次任务所需的军队和资金也分别得到，2010~2011年两年预算周期内的联合国项目预算为51.6亿美元，即大约每年26亿美元；其他单独资助的联合国行动大约每年150亿美元，其中维和行动大约有73亿美元。因此，全部联合国年度预算大约为200亿美元。这大致相当于纽约市公立学校系统的预算，在2009~2010财年内是220亿美元。

欧洲安全与合作组织的总部位于维也纳，它是一个在联合国宪章第八条之下的区域安全组织，截至2011年6月，有56个成员国。它的功能是早期预警、冲突预防、危机管理和战后恢复。它由各国国家首脑参加，不定期召开峰会，每年举办外长级别年会。利用大约1500万欧元的预算，它雇用了将近3000名员工，有17个现地行动组，大部分分布在欧洲东南部、中部，以及亚洲中部。在奥地利维也纳举办的每周安全合作论坛上，讨论与武器控制和建立信任与安全措施相

关的议题。

南部非洲发展共同体与西非国家经济共同体都有 15 个成员国。表面上看，它是在政治层面上组织起来的经济发展组织。这与作为区域发展金融实体的非洲发展银行不同，但它们都具有与和平和安全相关的功能和机构。南部非洲发展共同体成立于 1980 年，总部位于博茨瓦纳的哈博罗内，发挥政治、防务与安全合作功能，其战略计划涉及政治、防务、国家安全和公共安全部门，它还拥有一个位于津巴布韦的地区维和训练中心（或许如今有些讽刺意味）。西非国家经济共同体成立于 1975 年，也具有和平与安全功能，其组织机构包括委员会、共同体议会、法院和投资与发展银行。它提供了和平交流论坛、（早期）预警和反应网络、小型武器控制项目和后备军。它发布过选举监督宣言。

东南亚国家联盟总部位于印度尼西亚雅加达，现在有 10 个成员国，它将自己视为一个政治安全、经济和文化发展组织。1967 年，五个成员国在泰国曼谷成立了东盟，以 2008 年 12 月 15 日生效的一份宪章为基础，对东盟的结构进行了调整。这份宪章规定了东盟的法律地位和机制架构及其功能，计划在 2015 年之前，要实现东盟政治安全共同体（APSC）。成员国"保证完全依靠和平程序解决地区间分歧，并认为本国安全从根本上看是与其他国家联系在一起的，受到地理位置、共同视野和目标的制约"。[①] 与之相关的一个组织是东盟地区论坛，它包括一些非东盟国家。该论坛成立于 1993 年，它有两个目标："就具有共同利益和共同关注的政治及安全问题提供建设性对话和磋商、努力为在亚太地区建立信任和预防性外交做出重大贡献。"[②] 东盟还有一些关于防务和跨国犯罪的外长级会议。

所有的超国家组织都认识到政治（和平与安全）、经济和文化是相互关联并联系在一起的。但作为国家间组织，它们通常没有或无法对成员国内部冲突做出努力。这种局限性没有体现在公民社会组织上，如国际红十字委员会（ICRC），

[①] 引自 ASEAN, "ASEAN Political-Security Community", 可从 http://www.aseansec.org/18741html 获得（2011 年 12 月 6 日访问）。

[②] 引自 http://aseanregionalforum.asean.org/about.html（2012 年 1 月 13 日访问）。截至 2011 年 6 月，成员国有澳大利亚、孟加拉国、文莱、柬埔寨、加拿大、中国、朝鲜、欧盟、印度、印度尼西亚、日本、老挝、马来西亚、缅甸、蒙古国、新西兰、巴基斯坦、巴布亚新几内亚、菲律宾、韩国、俄罗斯、新加坡、斯里兰卡、泰国、东帝汶、美国和越南。

其他众多非政府组织，如国际警报协会、国际商业领袖论坛、全球见证组织，或国际特赦组织，甚或个人谈判者，如马尔蒂·阿赫蒂萨里（Martti Ahtisaari），他于2008年被授予诺贝尔和平奖。然而，由于战争已经发生了变化，国际红十字委员会也努力调整其定位。国际红十字委员会在一位商人的资助下于19世纪50年代成立，它召集各国就《日内瓦公约》达成一致，取得了令人瞩目的成功。它制定规则指导国家间战时行为，特别是关于如何对待战争伤亡人员和囚犯。但随安全威胁和战争已经变为内战、恐怖主义和毒品及贩卖人口，《日内瓦公约》已不再适用了。其分支机构中出现了一些团体，如无国界医生组织（MSF）。它的人道主义紧急援助功能完全与经济学无关，但经济因素使它们的存在必不可少。20世纪90年代，全球见证组织独立提出了"冲突钻石"的话题，尽管它现在已离开了它曾经帮助创立的组织。①

全球见证组织的工作指向了信息、监督和问责性原则，以及更低程度的自我监管实施。同样，如今的国际红十字委员会其功能也主要体现了信息、监督和问责性原则，尽管如全球见证组织这样的组织，它是一种在世界舆论"法庭"上，由媒体驱动的问责、道德问责。目前，只有主权国家能够为严厉惩罚战争犯问责，并赋予国际刑事法庭权威。政治社会组织能够应对改变支付原则、创造既得利益和领导力原则、渐进互惠和清晰原则、培育及重复、小步幅参与谈判原则，但与其他社会相比，它还远未做好准备。但往往只有在公民社会首先已经关注到一种需求或错误后，他们才会这样做。简而言之，这些原则形成一个整体：所有的都重要，在谈判与和平协议设计中明确地认识到的原则越多，稳定的和平越有可能出现；反之亦然。

对商业社会，风险和激励非常不同。商业喜欢收入，不喜欢成本，对它们来说不幸的是，遵守两百多个国家以及数以千计次国家和超国家等级的政治实体制定的规则制度，成本高昂。国家间战争、内战和犯罪也是如此，因为供应商、雇员、消费者和市场都会遭受损失。渐渐地，全球公司认识到，它们自身利益需要和平而非战争。和平缺失不是有意义的商业命题：没有市场、没有金钱、没有利润。

---

① Global Witness, "Global Witness Leaves Kimberley Process, Calls for Diamond Trade to Be Held Accountable", December 5, 2011, 可从http://www.global-witness.org/library/global-witness-leaves-kimberley-process-calls-diamond-trade-be-held-accountable获得（2012年1月29日访问）。

5 设计与推进和平

运输和交流成本的减少,不断地推动着商业和经济全球化。如果仅是为了保护和扩大市场,商业领袖日益对和平与安全感兴趣也是很可能的。如果商业领袖的公司在战后地区或冲突地区运营,和平谈判者不应该忽视同他们会谈的建设性作用。国际标准化组织正在逐渐把制定标准的范围扩大到狭窄的技术产品规格领域之外,那是它的起点(如 ISO 胶片速度标准)。ISO9000 制定了质量管理标准,ISO14000 制定了环境管理标准。生物统计学、网络安全和发生工业事故时"社会安全"的安全标准,同有关公司运行相关的类似安全提议正在积极讨论中。尽管这些主要与风险管理有关,且至少部分设计旨在尽量少地承担可能由工业事故造成的法律责任,共谋违反人权、与安全力量有关系等类似问题如今还局限在政治和公民社会领域,但几年后的未来,可能出现规定涉及这些问题的公司行为的一套标准,这并非是不可预见的事情。

标准化降低了成本,提高了产品和服务质量,并因此吸引消费者从而创造收入。当本地、国内和国际公司被暴力损害时,国际标准化组织很好地制定了国际标准化组织安全标准,即 ISO50000,它明确了公司如何参与及处理公共政策问题,如和平与安全。用我们的原则来说,就是创造超过一国范围的既得(商业)利益,形成了共同价值(在全球商业领导者中形成的,这些领导者的国籍和国家身份特征正在变得越来越不明显),以及创造了冲突解决机制的原则应该是适用的。国际商会不是会所的会所,而是一个全球公司的组织,它有自己的冲突调解、仲裁和司法体系,许多国家的司法体系都认可它的裁定。这样,全球商业部门有时候能,并也做到了跨越国界,就好似它本身是一个拥有主权、制定规则并执行规则的参与者。在 2000 年世界标准日,三个世界标准组织——国际标准化组织、国际电工技术委员会(IEC)和国际电信联盟(ITU)——领导人宣称:

没有协议就没有和平,没有和平就不可能有持续的繁荣。国际标准是人类不断努力实现这两个目标的必要手段。①

在和平谈判中基本不考虑商业部门的做法是一个错误。幸运的是,它很容易被纠正。

---

① 参见 International Organization for Standardization, "International Standards for Peace and Prosperity 31st World Standards Day 14 October 2000",可从 http://www.iso.org/iso/pressrelease.htm? refid = Ref 780 获得(2011 年 12 月 6 日访问)。

失败与成功：两个案例研究

失败的例子：尼泊尔

尼泊尔在"二战"后的历史非常复杂，纠缠于与中国和印度的关系。国王马亨德拉（Mahendra）（1955~1972年在位）在1951年放弃了多党派民主制的初期尝试。图5.1中的数字是从1960年开始的。国王毕兰德拉（Birendra）（1972~2001年在位）被迫于1989年同意修改宪法，这导致1991年形成了多党派议会。1996年尼共（毛）开始了长达10年的武装冲突时期，它试图以社会主义共和国取代君主议会制。图中显示，在这个时期，投资停止了。随后由于家族内部争斗，毕兰德拉被谋杀，国王贾南德拉（Gyanendra）继承王位（2001~2006年在位）。他在2005年解散了政府和议会，掌握行政权力并宣称在军事法下进行统治。消费、投资和GDP下降了。这时，在尼共（毛）力量和政府军队之间形成了僵局。国王的行为激起了广泛抗议。议会领导人逃往印度，组成了七党派联盟（SPA），并同尼共（毛）签订了十二点谅解协议。他们全都同意推翻国王并建立民主制，建立所有人都能够竞争选票的竞选制度。2006年，议会得

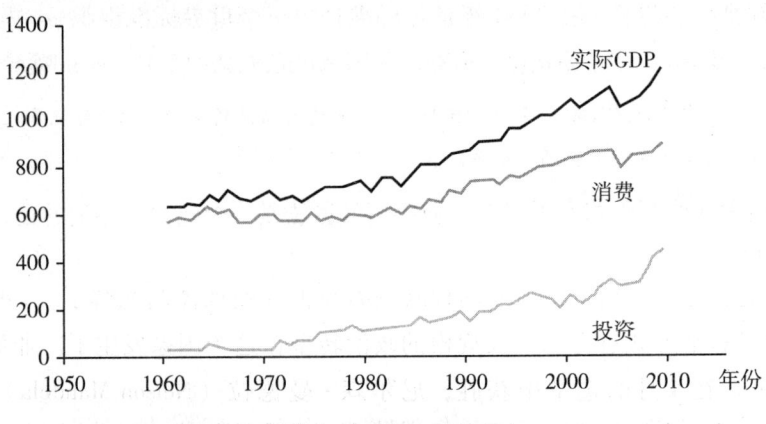

图 5.1　尼泊尔（1960~2009年）

资料来源：Penn World Table 7。

以恢复，并投票废黜了君主制。2008年5月，君主制终于被废除了，而在此前一个月举行的选举中，尼共（毛）获得了国民代表大会的大多数席位。在尼共（毛）的领导下，国民代表大会投票终止了君主政体，并宣布尼泊尔为联邦共和国，尼共（毛）组成新政府。然而这个新政府在2009年5月被推翻了，尼共（马列）夺取了政权。刚开始的后君主制政策转型与和平谈判不具有足够的包容性，各种利益集团均不满意，导致暴力冲突再次发生。从最低程度说，尼泊尔的和平努力违背了可信权威和共同价值构成的原则。直至2011年6月，动荡还在继续。

经济方面，尼泊尔以经济产出度量的实际人均增长率在1961~1969年之间仅为0.75%，在20世纪70年代是0.95%，80年代、90年代及21世纪初分别是1.59%、1.92%和1.64%。成千上万在国外工作的尼泊尔人将资金汇回国内，参与联合国维和行动获得的外汇收入是其经济的主要支柱。1998~2000年，国防支出占GDP的比重一直不超过1%，在那之后经常会超过2%，使得尼泊尔民用部门的GDP增长率低于21世纪初所设定的1.6%。然而，即使达到了这个增长率，尼泊尔经济仍需大约43年才能使人均收入翻一番，达到2400国际美元，而这仅是比其更为和平的邻国不丹2009年人均收入4600国际美元的一半多一点。

尼泊尔仍在等待重建社会契约，正如世界银行所呼吁的那样，足够包容、能够反映政府既定方针的真正权威使得政府能够开始其执政事业。还有许多会产生影响的外部既得利益，例如印度和中国，但它们作用的方向不一致，并也陷于同次大陆其他力量（缅甸、克什米尔—巴基斯坦、阿富汗）的博弈及国内问题的纠缠之中。最后，因为尼泊尔是位于两个大国之间的小经济体，其商业社会似乎并未受到影响。在其他地方取得收益，因此尼泊尔的商业并未面临太多风险，特别是可能会冒犯其强大邻居的风险。

成功的例子：南非

随着冷战的结束，南非的种族隔离和种族歧视体制瓦解了。1994年4月，主要以和平方式进行的、大规模的政治转型在这个国家发生了。非洲国民大会（ANC）在4月的选举中获胜，尼尔森·曼德拉（Nelson Mandela）成了国家总统。

如图5.2所示，1950~1980年，南非经历了稳定、线性的经济增长。毫无

疑问，如果该国非白人人口没有被压制，被排除在人力资本积累和为经济体做出更多创造性贡献之外的话，经济增长一定会更快一些。与所显示的整体趋势相比，每一年的增长率更不平稳：在20世纪50年代，每年的人均增长率大约为1.8%，在60年代是3.2%，70年代是1.1%。随着1976年索韦托（Soweto）起义和1977年学生及反种族隔离活动家史蒂夫·比科（Steve Biko）被害，南非的黑人工会变得更为躁动不安，国际政治共同体对南非实施了经济制裁。到1980年，GDP增长停止了。人均投资在80年代的10年间急剧下降，人均消费不再增长。在种族隔离年代其余时间里，经通货膨胀调整后的人均GDP从1981～1993年（包括1993年）平均每年下降1.4%，这主要由投资下滑导致。1993年的人均GDP大约是1969年的水平——就好似在近1/4个世纪中经济从未增长。

按通货膨胀、人口与购买力平价调整后的人均GDP、消费和投资
（国际美元，基年为2005年）

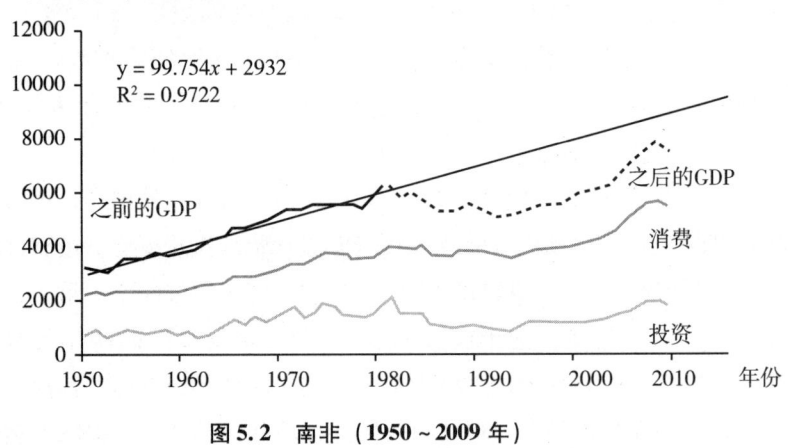

$y = 99.754x + 2932$
$R^2 = 0.9722$

图5.2 南非（1950～2009年）

资料来源：Penn World Table 7。

在政治转型过程中，国内商业团体发挥了重要作用，但这并未得到很好的认识和足够的报道。据国际警报协会称，1985年，商业和媒体的一位代表在赞比亚会见了非洲国民大会领导人，这次及其他会面产生了双重效果。白人商业团体远早于白人政治团体认可了非洲国民大会的政治合法性，它还将这个拥有社会主义经济意识形态的非洲国民大会介绍给资本主义的自由市场经济体。双方开始并坚持采用谈判方式：商业团体推进政治改革，非洲国民大会及时用经济政策做出回应，这些经济政策旨在改善大多数贫困人口的生活，但尽管如此，他们认识到

私人商业利益能够创造就业、收入和税收收入。图 5.2 显示，在 1994 年转型之后，这个国家重新回到了停留在 1980 年的经济增长轨道。1994~2009 年，人均年经济增长率平均在 2.6% 左右。这张图也显示出投资水平在结束种族隔离之后的约 10 年内并未增长，仅在 2009 年才刚刚达到 30 年前的水平。

这个国家成功地以和平方式实现了政治转型，但是由于超高的失业率和犯罪率，小学和中学教育体制的极度失败，以及一直存在的艾滋病健康危机，转型也很可能会失败。对建设与经济增长的不懈关注要求在未来几年确保政治稳定。似乎出现了一种广泛的跨种族社会契约的意识，即使个体参与了犯罪活动。困难并不在于社会契约，而在于它的实施。由全球公民社会的道德愤怒所驱动，得到全球商业和政策制定者一致认同的多边第三方干预，帮助打破了种族隔离，尽管直到苏联解体才消除了自我认为合理和反共产主义的"花言巧语"在具有支配地位的白人社会中的虚假痕迹。如今，大多数南非人虽然日常生活还很困难，但他们似乎分享着共同价值和国家自豪感，而且民主——权威，如果不是毫无问题，一定会发生作用。

政 策 教 训 与 忠 告

教训 5.1 具有良好功能的社会契约是内部及外部和平社会的核心。社会成员必须就社会行为的规范、标准和规则达成一致。

教训 5.2 没有任何原则能确保和平。但存在一些原则，如果不遵守它们，就可能遭遇失败。它们是改变支付原则、创造既得利益和领导力原则、渐进互惠和清晰原则、采取重复的小步幅原则、形成共同价值原则、真正权威原则、辅助性原则、冲突解决机制原则、信息和监测原则、问责原则、实施自我监管原则和嵌套原则。

教训 5.3 "搭便车"行为会破坏多边第三方干预。可能影响单边第三方干预净收益的因素包括信息、干扰、距离、关系、滋扰、国内干扰、自我利益和机会。这一快速审查清单有助于衡量真诚度以及接受或不接受帮助的意愿。

教训 5.4 政治、公民和商业社会都需要参与到缔造和平与维持和平中。将和平条约谈判及战后重建的经济和其他方面仅限定于政治参与者中，而不与公民和商业社会协商，只能促成眼前短期的停火，而不能得到在长期重建中使公民和商业社会再次参与其中的社会基础的必要条件，这会带来破坏社会契约的风险。

附录 A 暴力及武装活动分类

除了世界卫生组织（WHO）的暴力生态学以外，①《武装暴力和发展问题日内瓦宣言》(the Geneva Declaration on Armed Violence and Development) 指出，暴力来自多种形式。针对女性的暴力包括亲密伴侣暴力、性暴力、荣誉谋杀、陪嫁有关的暴力、泼酸袭击、杀害女婴，以及性别选择性堕胎。② 有组织犯罪、武装团伙暴力、法外处决及失踪，是与犯罪活动及法律和秩序机构的官员审判不公相关的暴力形式。政治驱动的暴力包括群众暴动、私刑、叛乱、起义和内战。

另一个类型学列出了以下几种暴力形式，其中暴力指标在小括号中。③

- 政治暴力（暗杀、炸弹袭击、绑架、折磨、种族屠杀、大规模迁移、暴乱）
- 常规的国家暴力（暴力执法活动、遭遇暴力、社会清洗、普遍折磨）
- 经济和犯罪相关的暴力（武装抢劫、勒索、绑架索要赎金、通过暴力的市场控制）
- 群体及非正式的司法与警察（私刑、治安行动、民众司法）
- 战后迁移与争端（领土冲突、报复性杀戮、小规模的民族清洗）

---

① World Health Organization (WHO), *World Report on Violence and Health*, ed. E. G. Krug, L. L. Dahlberg, J. A. Mercy, A. B. Zwi, and R. Lozano (Geneva: WHO, 2002).

② Geneva Declaration on Armed Violence and Development, *Global Burden of Armed Violence* (Geneva: Geneva Declaration Secretariat, 2009).

③ Torunn Chaudhary and Astri Suhrke, "Postwar Violence", unpublished background paper, Small Arms Survey, Geneva, 2008, as cited in Geneva Declaration, *Global Burden*, 65.

附录 A　暴力及武装活动分类

武装活动者而非他们可能致力于的暴力的类型学在穆加和朱特桑（Muggah & Jütersonke）[①]的论文中获得。其所涵盖的武装活动者类型，网格纵向按有组织或自发的武装暴力划分，横向按国家或非国家活动者划分。

---

① Robert Muggah and Oliver Jütersonke, "Endemic Urban Violence and Public Security", in *Cities and Urban Violence* (Ottawa: Ministry of Foreign Affairs, 2008).

附录 B 案例国的普遍特征

书中 10 个案例的构建涵盖了历史和现代的例子，经济体的战争、内战及战后犯罪，以及所有的地理区域：欧洲、非洲、美洲、亚洲和亚太地区。当然，不是每次失败都是各个方面的失败，也不是每次成功都是各个方面的成功。许多国家可放在任一栏目下，这取决于希望强调哪个方面。东帝汶在 20 世纪 90 年代末和 21 世纪初遭到了大规模的武装剧变，2002 年迎来了政治独立，2006 年暴乱再次发生。在旷日持久的谈判后，这个国家现在拥有来自海上石油和天然气储备的高收入，但基础设施依然匮乏，尤其是连接市场的道路，以及非常高的贫困率。

我们希望未来大量的案例研究会基于每章的教训及我们所认定的缔造和平与维和的原则。在定量度量能够发展以应用正规的统计检验之前，至少在定性的程度上，这会帮助验证我们的观点。我们对和平及缔造和平的结构了解得越多越好。

附录 C 术语表

总需求（aggregate demand）：各类买家需求的总和。通常可以写为私人家庭的消费、公司的投资，在联邦、省、地区或城市级别的政府支出以及出口和进口之间差异的总和。出口值代表国外对国内生产物品的需求，进口值由于代表在其他国家实现的需求而被减去。

总需求/总供给框架（aggregate demand/aggregate supply framework，AD/AS 模型）：是一个简单直观的架构，将几乎所有需求方和供给方变量联系到一起，考虑了所有的参与者（私人的或公共的），整合了国内和国外部门，并同时考量了短期和长期的情况。尽管经济学家并不同意将该框架作为解释的工具，但同意将其作为启发式工具，是同意与分歧、改进与扩展，与之对比而建立其他经济学架构模型的出发点。该框架也是政策辩论与建议的出发点。

资产剥离（assets stripping）：为了满足当前的消费需求而消耗的资本存量，从而削减了未来的社会生产能力。

资产（assets）：资产使得生产成为可能。资产包括自然资本、物质资本、人力资本以及社会资本或制度资本。生产产品和服务需要资产。

国际收支平衡表（balance of payments）：是一国记录本国产品和服务进出口货币价值以及相应资金流动的会计框架。账户由贷方（流入）和借方（流出）构成，根据定义，加总后必须为零。

浴缸原理（bathtub theorem）：一种用来理解资产存量形成的概念。如果流入浴缸的水代表生产，流出浴缸的水代表消费，那么当生产的流入量超过消费的流出量时，可获得商品的存量就会增加；相反，当消费超过生产，存量就会减少。

资本（capital）：生产的一种投入。资本包括物质资本，例如机器、设备以

及工作所需的物质结构或设施；地球的自然资本，即包括可用于生产的原材料（有些可再生的，其他的则不可再生）；人力资本，包括人的才华、创造力、技能、培训、教育、知识和经验；以及社会资本，即由人类建立的社会和社区网络构成的经济资产。

选择架构（choice architecture）：自觉且有意的激励设计，以阻止不希望的并鼓励希望的个人行为，使得社会系统作为一个整体朝向所希望的结果前进。

古典增长理论（classical growth theory）：一种经济增长模型，该模型认为，对于当前人口来说任何产出盈余，假以时日，将被人口增长抵消掉。社会将不断回复到仅够维持生存的生活水平，因此持续的人均经济增长是不可能实现的。

集体暴力（collective violence）：一种暴力类型，包括两个及两个以上国家之间、国家内部的武装冲突、公共社区层面上的暴力、暴力恐怖行径，以及有组织犯罪。

创造性破坏（creative destruction）：由约瑟夫·熊彼特（Joseph Schumpeter）提出的一种观点，即在追求利益的过程中，处于竞争性经济中的企业家为市场带来了创新产品和工艺，这些产品和工艺一方面破坏了竞争的业务范围，另一方面极具革命性，推动了整个经济体系的前进。

货币升值/贬值（currency appreciation/depreciation）：与之前相比，一国一单位的本币能够购买更多/更少的国外货币的过程。在升值/贬值的情况下，本国货币被变得更加坚挺/更加疲软。由于国外商品对本国消费者来说变得相对便宜，而本国产品对国外消费者来说变得相对昂贵，本币升值有利于进口但不利于出口；贬值则具有相反的作用。

货币防御（currency defence）：货币当局试图保持本币外汇价值的做法。

经常账户（current account）：是国际收支平衡表的一部分，反映一国国际货物和服务贸易的货币价值。

当期暴力成本（current cost of violence）：在某一特定时间内和特定地理空间中发生暴力所造成的直接和间接成本。

动态和平红利（dynamic peace dividend）：是当安全、救济以及其他与战争相关的支出被削减，并被投入能够提高生产力的物质资本、人力资本、制度资本和社会资本中时产生的结果。

经济增长（economic growth）：指从一年到下一年经济产出增加的百分比；它不提供收入分配或福利其他方面的信息。

经济增长政策（economic growth policy）：主要关注资产的增长、资产生产率的增长以及生产和收入产生的长期机会，且较少关注分配和消费政策。与经济发展政策相比，它更侧重其组成及定量特征。

经济发展政策（economic development policy）：更注重经济质量和公平方面的政策，例如农村的发展，妇女、儿童和老人、少数或弱势群体的福利，一些政策也包括对个人幸福、群体活力和复原能力的措施。

经济学（Economics）：一个研究生活中的生产、分配和消费，并以不断改善生活为目的的学科。

有利的政策条件（enabling policy conditions）：指稳定经济增长的条件，包括运作良好的、透明的政策制定和政策执行机构，训练有素且负责任的官员，还有可预测的监管框架。

内生（endogenous）：处于经济系统内部，因而受政策干预的影响。

外生（exogenous）：处于系统外部影响经济系统，因而在决策者操纵能力之外。

金融与资本账户（financial and capital account）：记录国际收支平衡表中的非贸易类资金流动账户。

财政政策（fiscal policy）：与如何增加公关部门收入和如何支出公共收入有关的政策。它不是危机管理工具，它的主要功能是促进社会有序发展和福利，即经济增长和持续改善。在发生危机时，稳定宏观经济的财政资源支出是必需的，但却由于背离主要目标而成本巨大。

浮动汇率制度（flexible exchange rate regime）：一国货币当局通常不干预决定本国货币价值的私人市场的汇率制度。

政府资产净值（government net worth）：政府资产（如对诸如公共高速公路、海港、机场等基础设施以及海洋和土地资源的正式所有权）减去政府负债（如退休金负债和公共债务）。

国内生产总值（gross domestic product）：是指一个日历年中一国居民合法生产的所有商品和服务的货币价值（因此是收入）。

世界生产总值（gross world product）：是所有国家国内生产总值之和。

横向税收公平（horizontal tax equity）：在各个方面都相等的人在税收上也应得到同样对待的情况。

通货膨胀（inflation）：是指从一个时期到下一个时期，生产或消费的货物

和服务平均价格的变化。

制度和演化经济学（institutional and evolutionary economics）：是将经济学作为社会体系的研究。这些受到关注的正式或非正式制度，包括自由贸易、最小化的监管体系、稳健的货币、完善的法律和秩序安全的产权、廉洁的政府，以及一整套良好的治理要素，这些制度共同提供了经济的框架条件。

国际美元（international dollars，I$）：一种使不同国家货币的购买力能够相互比较的人为货币。

国际金融机构（International Financial Institution，IFI）：主要是指全球性的国际货币基金组织（IMF）和世界银行集团（WBG），但也指区域性开发银行，如非洲开发银行（AFDB）、亚洲开发银行（ADB）、泛美开发银行（IADB）以及欧洲重建和发展银行（EBRD）。

人际暴力（interpersonal violence）：指包括亲密伴侣暴力及其他家庭暴力、袭击和谋杀，以及发生在机构设施内的暴力类型。

领导者（leader）：指在谈判中能够组织支付结构和/或博弈规则改变的外部参与者。

暴力的遗留成本（legacy cost of violence）：指过去发生暴力造成的延续至今的成本。

长期总供给（Long-Run Aggregate Supply，LRAS）：指一个经济体内在的生产能力——进行生产的完全潜能，不管这种能力是得到了有效的运用还是闲置。

宏观经济稳定（Macroeconomic stabilization）：试图通过政策减缓商业周期中起伏不定的波动。工具包括财政政策和货币政策，然而财政政策和货币政策的主要目标不是宏观经济稳定，而且可能由于以经济稳定为目标而实际上受损。

货币政策（monetary policy）：指涉及一国货币的内部和外部（外汇）价值、利率决定以及一国银行系统的管理和监督的政策。

货币需求（money demand）：指对货币的需求（现金和银行存款）。

货币供给（money supply）：指可用于进行当期和未来购买（当期消费或者通过储蓄实现的未来消费）的现金和银行存款（支票与储蓄）的总和。

监督（monitoring）：指收集、处理与核实信息，包括其他参与者的信息与行动。

国民储蓄（national saving）：指国内私人储蓄加上政府部门储蓄。国民储蓄加上外国部门储蓄，共同为国内私人投资提供资金。

自然资源租金（natural resource rents）：指销售自然资源的收入。

新古典增长理论（neoclassical growth theory）：指关注劳动力、储蓄、资本、投资和技术变化等因素之间的因果关系，以此预测产出及其增长率的理论。在理论中，可持续增长被认为是可能的。

新古典增长理论（new classical growth theory）：从新古典增长理论发展起来的理论，该理论强调要理解激发企业家精神、促成技术变化及人力资本形成所不可缺少的制度条件。

名义 GDP（nominal GDP）：没有调整价格通货膨胀影响的 GDP。

和平经济学（Peace economics）：指对政治、经济和文化机制，它们之间的相互关系，及其相关政策的经济学的研究与设计，以防止、减少或解决各个社会内部和之间任何类型的潜在或实际暴力冲突，或其他破坏性冲突。

政策（policy）：是在一个特定问题领域内需被遵循的一系列规则、指导和准则。

生产可能性边界（production possibilities frontier）：表示在当前劳动力、资本和其他生产要素的可获得水平既定时，能够生产的商品和服务的最大可能水平。

购买力平价（purchasing power parity）：是在假定重要的提供服务而非所支付的货币单位的条件下，估计不同货币单位相对购买力的一种统计方法，例如，印度卢比对新西兰元，这使得能够比较不同国家的货币而不需要顾及这些国家的正式汇率值。

购买力平价美元（purchasing power parity dollars）：见国际美元（I$）。

货币数量（quantity theory of money）：一种认为货币供给的过快增加，最终导致通货膨胀相应增加的理论。

实际 GDP（real GDP）：调整了价格通货膨胀影响的 GDP，从而能够将其进行不同年份比较。

寻租（rent seeking）：通过试图改变政治、经济和文化规则以有利于某人获得不应得的收入，而不是通过公平竞争和富有成效的努力获得收入。

70 定律（rule of 70）：近似计算一国按照给定的增长率，实现经济规模翻一番所需年数的方便指南。

自伤（self-harm）：指自我主导的暴力，包括自杀。

短期总供给（Short-Run Aggregate Supply，SRAS）：指的是厂商根据可观

测到的市场价格变化向经济社会供应的商品和服务。

社会契约（social contract）：一种包含关于获得广泛认可的规则、社会凝聚力和信任，以及外部或实施自我监管机制的框架。

暴力外溢成本（spillover cost of violence）：强加给非暴力参与者的成本（如A国难民逃往B国而给B国强加的成本）。

静态和平红利（static peace dividend）：指从暴力相关支出到非暴力相关支出的经济活动再分配（如律师的活动从刑法移至民法）。

统计误差（statistical discrepancy）：指在国际收支平衡表中，经常账户和金融与资本账户之间的差额。

持续发展性增长（sustainable developmental growth）：是指没有发展的增长是危险的，没有增长的发展是虚幻的。增长必须服务于发展目标，并在生态上是可持续的。

速率（velocity）：指货币的周转率，在给定的时间段内任何特定货币单位（美元、欧元、日元等）被使用的次数。

纵向税收公平（vertical tax equity）：指那些能够承担更多税赋的人应该缴纳更多税的情况。

索　引

页码后面标有 t，f，and n 分别表示表格、图和脚注。

accountability/119，125 问责

Afghanistan/73，97，121，134n35 阿富汗

African Development Bank（AfDB）/45，88，124 非洲开发银行

African National Congress（ANC）/129 – 130 非洲国民大会

African Union/120 非洲联盟

aggregate demand（AD）/59 – 60，61f，140 总需求

aggregate demand/aggregate supply（AD/AS）framework/57f，57 – 58，61，140 总需求/总供给框架

agricultural subsidies/90 农业补贴

Ahtisaari，Martti/125 阿赫蒂萨里，马尔蒂

Amnesty International/125 国际特赦组织

Angola/88，114，121 安哥拉

anti-money laundering（AML）/99 – 100 反洗钱

appropriation economy/10 占用经济

arbitration/118 仲裁

Argentina/73 阿根廷

Arias，Oscar/69 阿里亚斯，奥斯卡

armed actors，typology of/137 武装活动者，类型

armed conflict.（See collective violence）武装冲突（见集体暴力）

ASEAN/123 – 124 东盟

Asian Development Bank（ADB）/45 亚洲开发银行

和平经济学

assets/12 – 13, 55, 140 资产
asset stripping/13, 140 资产剥离
authentic authority/117 真正权威
balance of payments (BoP)/83 – 86, 84t, 140 国际收支平衡表
Balkan wars (1990s)/115, 121 巴尔干战争
Bank for International Settlement (BIS)/98 – 99 国际清算银行
Barro, Robert/33 巴罗, 罗伯特
bathtub theorem/11 – 12, 140 浴缸原理
Belgium/46, 122 比利时
Bildt, Carl/133n18 比尔特, 卡尔
bond market/97 债券市场
Bosnia and Herzegovina/36, 133n18 波斯尼亚和黑塞哥维那
Botswana/76 – 78, 77f 博茨瓦纳
Boulding, Kenneth E. /1, 13, 28n11, 28n14 博尔丁, 肯尼思
Brauer/J., 7 布劳尔
Brazil/73 巴西
Buddhist (sufficiency) economics/28n14 佛教（满足）经济学
budget deficit/38 – 39, 65 – 66 预算赤字
budget surplus/38 预算盈余
Bush, George W. /134n35 布什, 乔治
business leaders, in postviolence recovery/126 – 127 商业领袖, 在暴力后恢复
Cambodia 柬埔寨
conflict with Thailand/118 与泰国的冲突
economic development/25, 26f 经济发展
population decrease/21 人口减少
prewar versus postwar growth/6, 7f 战前与战后增长
transport infrastructure/88 交通基础设施
Canada/122 加拿大
capital 资本
defined/140 定义
foreign flows/94 外国流动

索引

human/13, 33 人力

natural/12 自然

physical/12, 33 物质

social/13, 23, 112 社会

capital account/83 – 86 资本账户

capital-to-labor ratio/33 资本 – 劳动比率

case studies. See also specific case/案例研究，也见具体案例

economic cost of violence/21 – 25 暴力的经济成本

economic growth/46 – 51 经济增长

general characteristics of/139 一般特征

global economy/100 – 104 全球经济

macroeconomic stabilization/76 – 80 宏观经济稳定

peace engineering/127 – 131 和平工程学

Center for Settlement of Investment Disputes (CSID)/45 投资争端解决中心

central bank 中央银行

foreign exchange holdings of/86 外汇持有

monetary policy/70 – 71 货币政策

CFA franc/93 – 94, 106n14 非洲法郎

Chechnya/88 车臣

Chile/78, 79f 智利

China 中国

special economic zones/98 经济特区

war financing from/97, 133n20 战争资金来自

choice architecture/110 – 111, 141 选择架构

civil society/43, 123, 125 公民社会

clarity/115 清晰

classical growth theory/32, 141 古典增长理论

Codelco/79 智利国家铜业公司

collective action/117 集体活动

collective violence 集体暴力

defined/5 – 6, 141 定义

— 125 —

economic cost of（See economic cost of violence）/经济成本（见暴力的经济成本）

financing of/89，97 融资

reconstruction after（See postviolence recovery）/后重建（见暴力后恢复）

recurrence of/109 重现

risk factors and triggers/89 – 90，105n3，109 风险因素和触发因素

Collier, Paul/98 科利尔，保罗

Colombia/8，21，73 哥伦比亚

commercial information/119 商业信息

commercial society/43，123，125 – 127 商业社会

common value formation/116 – 17 共同价值形成

compounding/40 – 42，41f 复合

conflict resolution mechanisms/118 冲突解决机制

Congo/67 – 68，122 刚果

consumption/11 – 12，140 消费

consumption taxes/65 消费税

corruption-rife economies/10 腐败盛行的经济

Costa Rica/36，69，69f 哥斯达黎加

counterterrorist financing（CTF）/99 – 100 反恐融资

court system/126 司法体系

creative destruction/32，141 创造性破坏

crime, economics of/6，10，36 – 37，73，89 犯罪经济学

Cuba/121 古巴

currency.（See also exchange rates）/汇率

changes in/73 变化

collapse of/96 – 97，112 崩溃

substitute/73，78 替代

currency appreciation/depreciation/68，81n8，91 – 92，141 货币升值/贬值

currency defense/95，141 货币防御

currency speculation/95 – 96 货币投机

currency unions/93 – 94，106n15 货币联盟

current account/83 – 86，141 经常账户

索 引

current cost of violence/7 – 8，141 当期暴力成本
Cyprus/122 塞浦路斯
debt/65 – 66，94 债务
decision-making, legitimacy of/121，134n35 决策，合法性
demand side/43 需求方
Demekas, D. G. /68 德莫卡斯, D. G.
Democratic Republic of the Congo（DRC）/67 – 68，122 刚果民主共和国
Denmark/92 丹麦
developing economies. See also specific country/发展经济体（见具体国家）
convergence with developed economies/33，52n2 向发达经济体收敛
debt/65 – 66 债务
diminishing returns/33 报酬递减
diplomatic involvement/121 – 123 外交参与
discretionary spending/66 可支配开支
dollarization/95 美元化
domestic income/37 – 38 国内收入
Dominican Republic/19 – 20，20f 多米尼加共和国
drug-related violence/21，36，85，118 毒品相关的暴力
Dutch disease/68，81n8 荷兰病
dynamic peace dividend/8 – 9，141 动态和平红利
East Asian financial crisis（1997）/95 东亚金融危机
East Timor（Timor-Leste）/44，73，93，96，139 东帝汶
ecological economics/28n14 生态经济
ecology of violence/137 暴力生态学
Economic Community of West African States（ECOWAS）/123 – 124 西非国家经济共同体
economic cost of violence/5 – 29 暴力的经济成本
overview/5 – 9 概述
assets and income/12 – 13 资产与收入
bathtub theorem/11 – 12，140 浴缸原理
case studies/21 – 25 案例研究

economic development/17-21 经济发展

economic growth/37-43 经济增长

global/7-8 全球

global public policy/17-21 全球公共政策

historical perspective/1-2 历史视角

macroeconomic policy/14-16 宏观经济政策

policy lessons and tips/25-27 政策教训与忠告

production possibilities/11 生产可能性

trade effects/9-10, 87-90 贸易影响

economic development 经济发展

effects of violence on/17-21 暴力影响

policy/15, 142 政策

global/17-21 全球

sustainable/15-16, 145 可持续

economic growth/31-53 经济增长

case studies/46-51 案例研究

causes of/31-33 原因

compounding effects/40-42, 41f 复合效应

defined/141 定义

institutions/45-46 制度

long-run capacity for/62-63, 71-73 长期能力

national income accounting/37-40 国民收入核算

performance measures/34-37 绩效度量

policy/14-15, 43-45, 141 政策

lessons and tips/51-52 教训与忠告

production capacity/42-43 生产能力

Rule of 70/40-42, 70, 145 规则

sustainable/15-16, 145 可持续

theories of/31-34 理论

economics, defined/9-10, 142 经济学，定义

economies, types of/9-10 经济，种类

索引

El Salvador/21-23 萨尔瓦多

balance of payments/84t, 84-86 国际收支平衡表

drug-related violence/21 毒品相关的暴力

monetary policy/73, 93 货币政策

prewar versus postwar growth, 6, 7f, 21, 22f 战前与战后增长

shadow economy/36 影子经济

spillover effects/69 溢出效应

enabling policy conditions/16, 142 有利的政策条件

endogenous causes of growth/31-33, 142 增长的内生原因

Enhanced Structural Adjustment Facility (ESAF)/74-75 加强结构调整贷款

entrepreneurs/32 企业家

errors and omissions/86 错误与遗漏

Ethiopia/17-18, 18f 埃塞俄比亚

Europe. See also specific country 欧洲（见具体国家）

economic growth in/46-51 经济增长

European Bank for Reconstruction and Development (EBRD)/45 欧洲重建与发展银行

European Coal and Steel Community (ECSC)/46 欧洲煤钢共同体

European Economic Community (EEC)/46 欧洲经济共同体

European periphery (case studies)/46-51 欧洲外围国家（案例研究）

European Recovery Program (ERP)/50 欧洲复兴计划

European Union/46, 90 欧盟

evolutionary economics/33-34, 143 演化经济学

exchange economy/9-10, 11 交换经济

exchange rates/90-92 汇率

GDP comparisons and/36 GDP 比较

regimes/92-95 制度

exogenous causes of growth/31-33, 142 增长的外生原因

export processing zones (EPZs)/98 出口加工区

Extended Credit Facility (ECF)/75 扩展的信托贷款

Extractive Industries Transparency Initiative (EITI)/98 采掘业透明度倡议

fear, economy of/10, 28n11 恐惧经济
feedback effect/58 – 59, 59f 反馈效应
fiat money/112 法定货币
Fiji/100 – 102, 101f 斐济
Financial Action Task Force (FATF)/99 金融行动特别工作组
financial and capital account/83 – 86, 142 金融与资本账户
financial networks 金融网络
informal/99 – 100 非正式
international (See international finance) 国际（见国际金融）
financing 融资
of budget deficits/39, 65 – 66 预算赤字
of collective violence/89, 97 集体暴力
fiscal policy/56, 63 – 69 财政政策
debt/65 – 66, 94 债务
defined/63, 142 定义
foreign aid/67 – 68 外国援助
postviolence/74, 120 – 121 暴力后
public expenditure policy/66 – 67 公共支出政策
purpose of/63 目的
revenue/63 – 64 收入
spillovers/68 – 69, 69f 溢出
tax system/64 – 65 税收体系
fixed exchange rate regime/92 – 93 固定汇率制度
flexible exchange rate regime/92 – 95, 142 浮动汇率制度
forced negotiation/121 被迫谈判
foreign aid/10, 44 – 45, 67 – 68 外国援助
exchange rates and/94 汇率
IMF programs/74 – 76, 94 国际货币基金组织方案
foreign capital flows/94 外国资本流动
foreign direct investment (FDI)/21, 44 – 45, 94 外国直接投资

索引

foreign sector saving/38 – 39 外国部门储蓄

France 法国

  economic growth/46，49f，50 – 51 经济增长

  West African CFA franc/93 – 94，106n14 西非法郎

free trade doctrine/32 自由贸易学说

free trade zones（FTZs）/98 自由贸易区

Gaddafi，Muammar/115 卡扎菲，穆阿迈尔

Geneva Conventions/125 日内瓦公约

Geneva Declaration on Armed Violence and Development（GD）/137 武装暴力与发展问题日内瓦宣言

Germany 德国

  currency collapse/73，96 货币崩溃

  economic growth/46，49f，50 – 51 经济增长

Giscard d'Estaing，Valéry/99 季斯卡·德斯坦，瓦勒里

Global Commission on Drug Policy/117 全球毒品政策委员会

global economic crisis（2009）/8，99 全球经济危机

global economy/83 – 107 全球经济

  balance of payments/83 – 86 国际收支平衡表

  case studies/100 – 104 案例研究

  institutions and policies/97 – 100 制度与政策

  international finance/90 – 97 国际金融

  international trade/87 – 90 国际贸易

  policy lessons and tips/104 – 05 政策教训与忠告

global public policy/17 – 21 全球公共政策

Global Witness/89，125 全球见证

governance factors/34，44 治理要素

government budget deficit/38 – 39，65 – 66 政府预算赤字

government budget surplus/38 政府预算盈余

government expenditures/38，66 – 67 政府支出

government-financed projects/94 政府资助项目

government monitoring/118 – 119 政府监管

government net worth/66，142 政府净值

government policies/14-15，66-67 政府政策

government revenue/38，63-65 政府收入

government sector saving/38-39 政府部门储蓄

graduate reciprocity/115 渐进互惠

grants economy/10 资助经济

Greece 希腊

conflict with Turkey/118，122 与土耳其的冲突

economic growth/46-50，48f 经济增长

financial crisis（2011）/75 金融危机

gross domestic product（GDP）国内生产总值

cross-country comparisons/36 国家间比较

cumulative losses/41f，42 累积损失

defined/6，142 定义

nominal/34-35，35t，144 名义

pre-and postwar comparisons/6-7，7f，8f 战前与战后比较

real/34-35，35t，144 实际

gross private domestic investment/38-39 国内私人投资总额

gross world product（GWP）/6，8，142 世界生产总值

Group of 20（G20）/99 二十国集团

Group of Seven（G7）/99 七国集团

Guatemala 危地马拉

drug-related violence/21 毒品相关的暴力

prewarversus postwar growth/6，7f 战前与战后的增长

shadow economy/36 影子经济

spillover effects/69 溢出效应

Haiti/114 海地

happiness，economics of/15，28n14 幸福经济学

homicide（nonwar-related）/杀人罪（与战争无关）

case study/21-23 案例研究

economic cost of/19-20，20f 经济成本

索 引

Honduras/21，36，69 洪都拉斯

horizontal inequality/109 横向不平等

horizontal tax equity/64 - 65，143 横向税收公平

human capital/13，33 人力资本

humanitarian aid/68 人道救援

humanitarian goodwill/122 人道主义意愿

hyperinflation/112 恶性通货膨胀

illegal economic activity/36 - 37，85，99 - 100，118 非法经济活动

incentives/114 动机

income 收入

assets and/12 - 13，55 资产

national accounting/37t，37 - 40，38t 国民核算

India/89，98 印度

Indonesia/24 印度尼西亚

East Asian financial crisis（1997）/95 - 96 东亚金融危机

economic development/25，26f 经济发展

trade in conflict goods/89 冲突货物贸易

Industrial Revolution/32 工业革命

inflation/35，73，112，143 通货膨胀

informal economy/36 - 37 非正规经济

informal financial networks/99 - 100 非正规金融体网

information/118 - 119，122，125 信息

infrastructure capacity/88 基础设施能力

institutional economics/33 - 34，143 制度经济学

institutional legitimacy/121 制度合法性

Inter-American Development Bank（IADB）/45 泛美开发银行

interest rates/71 利率

International Alert/125，130 国际警报协会

International Bank for Reconstruction and Development（IBRD）/45 国际复兴开发银行

International Business Leaders Forum/125 国际商业领袖论坛

— 133 —

International Chamber of Commerce/126 国际商会

International Committee of the Red Cross (ICRC)/125 国际红十字委员会

International Court of Justice (The Hague)/118 国际法庭（海牙）

International Criminal Court/119, 125 国际刑事法庭

International Development Association (IDA)/45 国际开发协会

international dollars (I$)/18, 36, 143 国际美元

International Electrotechnical Commission (IEC)/127 国际电工技术委员会

international finance/90 – 97 国际金融

currency unions/93 – 94, 106n15 货币联盟

exchange rates/90 – 92 汇率

regimes/92 – 93 制度

foreign capital flows/94 外资流动

global financial markets/95 – 97 全球金融市场

institutions and policies/97 – 100 制度与政策

policy lessons and tips/104 – 05 政策教训与忠告

International Finance Corporation (IFC)/45 国际金融公司

international financial institutions (IFIs)/15, 45 – 46, 143. See also specific institution 国际金融机构（IFIs）（见具体的机构）

International Labour Organization (ILO)/36 国际劳工组织

International Monetary Fund (IMF) 国际货币基金组织（IMF）

during East Asian financial crisis (1997)/96 东亚金融危机期间

financial assistance programs/74 – 76, 94 财政资助计划

on foreign aid/67 – 68 对外援助

global role of/97 全球角色

growth policy/15 增长政策

International Organization for Standardization (ISO)/126 – 127 国际标准化组织

International Telecommunication Union (ITU)/127 国际电信联盟

international trade/87 – 90 国际贸易

benefits of/87 利益

determinants of/87 – 88 决定

impediments to/阻碍

索引

institutions and policies/97 – 100 制度与政策
policy lessons and tips/104 – 105 政策教训与忠告
interpersonal violence/5，143 人际暴力
intraregional trade/88 区域内贸易
investment 投资
　foreign direct/21，44 – 45，94 外国直接
　gross private domestic/38 – 39 私人国内投资总额
　productivity-enhancing/42 – 43 提高生产率
　stabilization and/55 稳定
Iraq/73，97，121，134n35 伊拉克
Israel/89，116 以色列
Italy/46，49f，50 – 51 意大利
Jütersonke，Oliver/137 朱特桑，奥利弗
Kimberley Process Certification Scheme（KPCS）/89 金伯利进程证书计划
knock-on effects（spillovers）/68 – 69，69f 连锁效应（溢出）
Kosma，T./68 科斯玛，T.
Kosovo/73，93 科索沃
Krajisnik，Momcilo/133n18 克拉伊什尼克，莫姆契洛
Kreditanstalt für Wiederaufbau（KfW）/50 德国复兴信贷银行
Kuwait/44 科威特
leaders/114 – 115，143 领导人
learning，economies of/120 学习经济
legacy cost of violence/7 – 8，143 暴力的遗留成本
Liberia/89 利比里亚
Libya/115，121 利比亚
long-run aggregate supply（LRAS）/57 – 58，143 长期总供给
long-run growth capacity/62 – 63，71 – 73 长期增长能力
love，economy of/10，28n11 爱，经济
Lucas，Robert/33 卢卡斯，罗伯特
Luxembourg/46 卢森堡
Macroeconomics 宏观经济学

— 135 —

frameworks/15－16，16f，110 框架

fundamentals/2 基础

objectives of/14 目标

policies/14－15（See also policy）政策

macroeconomic stabilization/55－82 宏观经济稳定

case studies/76－80 案例研究

defined/56，143 定义

exchange rate policy/93 汇率政策

fiscal policy（See fiscal policy）/财政政策（见财政政策）

frameworks/56－63 框架

aggregate demand（AD）/59－60，61f 总需求（AD）

feedback effect/58－59，59f 反馈效应

objectives/61 目标

postviolence recovery/61－62 暴力后恢复

short-run AD/AS/57f，57－58，61，140 短期总需求/总供给

variables/60 变量

institutions/74－76 制度

monetary policy（See monetary policy）/货币政策（见货币政策）

policy lessons and tips/80－81 政策教训与忠告

mafia-type economies/10 黑手党经济

Malaysia/23－25 马来西亚

East Asian financial crisis（1997）/95－96 东亚金融危机

economic development/25，25f，26f，47 经济发展

managed float/92－95 管制浮动

Mandela，Nelson/129 曼德拉，尼尔森

Marshall Plan/50 马歇尔计划

McHugh，J./68 麦克休，J.

McLeod，Ken/112 麦克劳德，肯

Médecins Sans Frontières（MSF）/125 无国界医生组织（MSF）

media/119 媒体

mediation/118 调解

索引

Mexico/21 墨西哥

military production/11，12f 军品

Millennium Development Goals（MDGs）/17，17t 千年发展目标（MDGs）

misinformation/118－119 虚假信息

monetary policy/56，70－74 货币政策

defined/70，143 定义

dysfunctionalities/73 障碍

mechanics/70－71 机制

postviolence/74 暴力后

money demand/71，143 货币需求

money laundering/99－100 洗钱

money supply/70－73，143 货币供给

monitoring/118－119，125，144 监督

Montenegro/73 黑山

Mozambique/6，7f，114 莫桑比克

Mugabe，Robert/76 穆加贝，罗伯特

Muggah，Robert/137 穆加，罗伯特

multilateral development banks（MLDBs）/15. See also specific bank 多边开发银行（MLDBs）。也见具体的银行。

Multilateral Investment Guarantee Agency（MIGA）/45 多边投资担保机构

multilateral third-party intervention/122 多边第三方干预

Murshed，Mansoob/112－113 穆尔希德，曼苏布

Nagorno-Karabakh/88 纳戈尔诺—卡拉巴赫

narcotics trafficking/21，85，118 毒品交易

national income accounting/37t，37－40，38t 国民收入核算

national saving/38－39，144 国民储蓄

National Union for the Total Independence of Angola（UNITA）/114 安哥拉独立联盟

natural capital/12 自然资本

Natural Resource Charter（EITI）/98 自然资源宪章

natural resource rents/64，98，112，144 自然资源租金

natural resources/44 自然资源

natural resources curse/89-90 自然资源诅咒

negotiations 谈判

forced/121 被迫

in small steps/116 小步幅

third-party intervention/121-123 第三方干预

neighborhood effects/88 邻国效应

neoclassical growth theory/32-33，144 新古典增长理论

Nepal/127f，127-129 尼泊尔

nesting/120-121 嵌套

Netherlands/46 荷兰

new classical growth theory/33-34，144 新古典增长理论

Nicaragua 尼加拉瓜

economic development/18-19，19f 经济发展

prewar versus postwar growth/6，7f 战前与战后的增长

shadow economy/36 影子经济

spillover effects/69 溢出效应

noise/122 滋扰

nominal GDP/34-35，35t，144 名义国内生产总值

nongovernmental organizations（NGOs）/125 非政府组织

North African and Middle Eastern（MENA）countries/90 北非与中东

North Atlantic Treaty Organization（NATO）/115，121，122，123 北大西洋公约组织

official development assistance（ODA）/44-45 官方发展援助

IMF programs/74-76，94 国际货币基金组织计划

trade and/90 贸易和

oil-price shocks（1973-1974）/74 石油价格冲击

Organization for Security and Cooperation in Europe（OSCE）/123-124 欧洲安全与合作组织

overseas workers' remittances/44-45，90 海外工人（向祖籍国家）的汇款

Panama/36 巴拿马

payoffs/114 支付

peace dividend/ 和平红利

    dynamic/8 – 9，141 动态

    static/8 – 9，145 静态

peace economics/2，109 – 135 和平经济学

    case studies/127 – 131 案例研究

    defined/114，144 定义

    design economics/110 – 111 设计经济学

    design principles/113 – 121 设计原则

    institutions and policies/123 – 127 制度与政策

    payoffs and incentives/114 支付与动机

    policy lessons and tips/131 政策教训与忠告

    social contract/112 – 113 社会契约

    third-party intervention/121 – 123 第三方干预

    peacekeeping operations/119 – 123 维和行动

peace treaties 和平条约

    enforcement of/119 – 120，125 执行

    macroeconomic framework of/110 宏观经济框架

Philippines 菲律宾

    East Asian financial crisis（1997）/95 – 96 东亚金融危机

    economic development/25，26f 经济发展

    special economic zones/98 经济特区

physical capital/12，33 物质资本

policing/119 – 120 监管

policy/14 – 15 政策

    defined/15，144 定义

    growth and development/14 – 16 增长与发展

    defined/15，141 – 142 定义

    enabling conditions/16，142 有利的条件

    global/17 – 21 全球

    sustainable/15 – 16，145 可持续

peace engineering/123 – 127 和平工程学

stabilization (See macroeconomic stabilization)/稳定 (见宏观经济稳定)

policy lessons and tips/政策教训与忠告

economic cost of violence/25 – 27 暴力经济成本

economic growth/51 – 52 经济增长

global economy/104 – 105 全球经济

macroeconomic stabilization/80 – 81 宏观经济稳定

peace engineering/131 和平工程学

political society/43, 78, 123 – 125 政治社会

population growth/35 人口增长

Portugal/46 – 50, 48f 葡萄牙

postviolence recovery/2 暴力后恢复

bathtub theorem/11 – 12, 140 浴缸原理

capital base/13 资本基础

fiscal policy/74, 120 – 121 财政政策

foreign aid for/68 外国援助

grants/10 资助

long-run growth capacity/62 – 63 长期增长能力

macroeconomic framework/61 – 62 宏观经济框架

monetary policy/74 货币政策

Poverty Reduction and Growth Facility (PRGF)/75 减贫与增长贷款

Poverty Reduction and Growth Trust (PRGT)/75 减贫与增长基金

price levels/35, 58, 73, 112 价格水平

primer, defined/2 入门读本,定义

private domestic saving/38 – 39 私人国内储蓄

producer support estimates (PSEs)/90 生产者补贴估计

production 生产

assets and/12 – 13 资产

bathtub theorem/11 – 12, 140 浴缸原理

production possibilities frontier (PPF)/11, 12f, 144 生产可能性边界

productive capacity/11, 42 – 43 生产能力

public expenditures/38，66-67 公共支出

public opinion/119 公共舆论

purchasing power/6，7f，35，56，144 购买力

purchasing power parity/17-18，36，144 购买力平价

quantity theory of money/71-73，144 货币数量论

real GDP/34-35，35t，144 实际国内生产总值

recidivism/109 再次发生

reconstruction aid，68.（See also postviolence recovery）/重建援助（也见暴力后恢复）

regional developmentbanks/45 区域开发银行

remittances，overseas workers'/44-45，90 汇款，海外工人

rent seeking/111，145 寻租

Romer，Paul/33 罗默，保罗

Rule of 70/40-42，145 70规则

Rwanda/6，7f，114 卢旺达

Safety 安全

commercial society and/126-127 商业社会

tourism and/88 旅游业

sales tax/65 销售税

savings/38-39 储蓄

scale，economies of/120 规模，经济

Schelling，Thomas/116-117 谢林，托马斯

Schneider，Friedrich/36 施奈德，弗里德里希

Schumacher，E. F./28n14 舒马赫，E. F.

Schumpeter，Joseph/32 熊彼特，约瑟夫

scope，economies of/120 范围，经济

self-harm/5，145 自伤

self-interest，in third-party intervention/122 自身利益，第三方干预

self-policing/119-120，125 自我监管

shadow economies/36-37 影子经济

short-run aggregate supply（SRAS）/57f，57-58，145 短期总供给

short-run growth capacity/62-63 短期增长能力

Sierra Leone/121 塞拉利昂

Singapore/23-25, 25f, 44, 47 新加坡

Smith, Adam/28n11 斯密, 亚当

social capital/13, 23, 112 社会资本

social contract/23, 112-13 社会契约

case studies/127-31 案例研究

defined/112, 145 定义

social stability/56 社会稳定

societies, types of/43-44, 123 社会, 类型

Solow, Robert/32-33 索洛, 罗伯特

South Africa/129f, 129-131 南非

Southeast Asia. See also specific country economic development/25, 26f 东南亚（见具体国家经济发展）

Southern African Development Community (SADC)/123-24 南部非洲发展共同体

South Korea/47, 95-96 韩国

sovereign wealth funds/44, 97 主权财富基金

Spain/46-50, 48f 西班牙

special economic zones (SEZs)/98 经济特区

Spence, Michael/98 斯宾塞, 迈克尔

spillover cost of violence/7-8, 145 暴力外溢成本

spillovers/68-69, 69f, 122 外溢

Sri Lanka/88 斯里兰卡

standardization/126 标准化

static peace dividend/8-9, 145 静态和平红利

statistical discrepancy/85-86, 145 统计误差

steady state/33 稳态

Structural Adjustment Facility (SAF)/74 结构调整贷款

structural adjustment programs (SAPs)/75 结构调整规划

subsidiarity/117-118 辅助性原则

substitute currencies/73, 78 替代性货币

索 引

substitution effects/21 替代效应

sufficiency（Buddhist）economics/28n14 满足（佛教）经济学

Sunstein，C. R. /111 桑斯坦，C. R.

supply side/42 – 43，61 – 62 供给方面

supranational institutions/123 – 125. See also specific institution 超国家机构（见具体机构）

sustainable developmental growth/15 – 16，145 可持续发展增长

systems control theory/113 系统控制理论

Taiwan/47 中国台湾

taxation/10，38，64 – 65 税收

technological change/32 – 33 技术进步

Tepper-Marlin/J.，7 泰培尔 – 马林

terrorist financing/99 – 100 恐怖融资

Thailand 泰国

conflict with Cambodia/118 与柬埔寨的冲突

East Asian financial crisis（1997）/95 – 96 东亚金融危机

economic development/25，26f 经济发展

Thaler，R. H. /111 塞勒，R. H.

third-party intervention/121 – 123 第三方干预

Timor-Leste（East Timor）/44，73，93，96，139 东帝汶

tit-for-tat strategy/115 针锋相对策略

tourism 旅游业

effects of violence on/21 暴力的影响

infrastructure/88 基础设施

trade 贸易

inconflict goods/89 冲突货物

free trade doctrine/32 自由贸易学说

importance of/9 重要性

international（See international trade）国际（见国际贸易）

intraregional/88 区域内

overseas workers' remittances/44 – 45，90 海外工人（向祖籍国家）的汇款

— 143 —

trade surplus/39 贸易盈余

transport infrastructure/88 贸易基础设施

trust, economy of/113 信任，经济体

Trust Fund (IMF)/74 信托基金

Turkey/118, 122 土耳其

Uganda/6, 7f 乌干达

unilateral third-party intervention/122, 134n35 单边第三方干预

unilateral transfer/85 单边转移

United Nations/123 联合国

Development Programme (UNDP)/6, 22, 36, 56, 109 开发计划署

General Assembly (UNGA)/17 联合国大会

Millennium Declaration/17 千年宣言

Office on Drugs and Crime (UNODC)/20, 36 联合国毒品和犯罪办公室

peacekeeping forces/119–120, 123 维和部队

Security Council/123 安理会

Single Convention on Narcotic Drugs (1961)/117–118 麻醉品单一公约（1961年）

United States 美国

currency value/97 货币价值

peacekeeping operations/121 维和行动

as unilateral intervener/134n35 作为单边干预者

war financing/97 战争融资

value-added tax/65 增值税

values, common/116–117 价值，共同

velocity/71–72, 145 速率

Venezuela/92 委内瑞拉

vertical tax equity/65, 145 纵向税收公平

vested interests/114–115 既得利益

Vietnam/25, 26f, 102–104, 103f 越南

violence 暴力

classification of/5, 137 分类

economic cost of (See economic cost of violence) 经济成本（见暴力的经济成本）

reconstruction after (*See* postviolence recovery) 后重建（见暴力后重建）

risk factors and triggers/89-90，105n3，109 风险因素和触发因素

war. (See collective violence) 战争（见集体暴力）

well-being, GDP growth and/35 福利，国内生产总值增长

West African CFA franc/93-94，106n14 西非法郎

World Bank Group (WBG)/45 世界银行集团

on cost of violence/20 暴力成本

El Salvador country brief/21 萨尔瓦多国家简介

global role of/97 全球角色

growth policy/15 增长政策

macroeconomic stabilization policy/74 宏观经济稳定政策

on public expenditure policy/66-67 公共支出政策

World Development Report 2011/17，23，113，121 世界发展报告

world economic crisis (2009)/8，99 世界经济危机

World Health Organization (WHO)/5，137 世界卫生组织

world opinion/119 国际舆论

World Standards Day/126 世界标准日

World Trade Organization (WTO)/88，97，107n18，118 世界贸易组织

Yugoslavia/73 南斯拉夫

Zedillo, Ernesto/98 塞迪略，内托斯

Zimbabwe/73 津巴布韦

currency collapse/96 货币崩溃

macroeconomic stabilization/76-78，77f 宏观经济稳定

trade in conflict goods/89 冲突货物贸易

图书在版编目（CIP）数据

和平经济学：冲突国家宏观经济分析／（美）布劳（Jurgen, B.），（英）邓恩（Dunne, P.）著；陈波，侯娜译．—北京：经济科学出版社，2016.3
（国防经济学系列丛书．精品译库）
ISBN 978-7-5141-6758-0

Ⅰ.①和⋯ Ⅱ.①布⋯ ②邓⋯ ③陈⋯ ④侯⋯ Ⅲ.宏观经济分析 Ⅳ.①F015

中国版本图书馆 CIP 数据核字（2016）第 061766 号

责任编辑：侯晓霞　张建光
责任校对：徐领柱
责任印制：李　鹏

和平经济学
冲突国家宏观经济分析

［美］于尔根·布劳尔　（Jurgen Brauer）
［英］保罗·邓恩　　（Paul Dunne）　著

陈波　侯娜　主译

经济科学出版社出版、发行　新华书店经销
社址：北京市海淀区阜成路甲 28 号　邮编：100142
教材分社电话：010-88191345　发行部电话：010-88191522
网址：www.esp.com.cn
电子邮箱：houxiaoxia@esp.com.cn
天猫网店：经济科学出版社旗舰店
网址：http://jjkxcbs.tmall.com
北京密兴印刷有限公司印装
787×1092　16 开　10.75 印张　190000 字
2016 年 10 月第 1 版　2016 年 10 月第 1 次印刷
ISBN 978-7-5141-6758-0　定价：32.00 元
（图书出现印装问题，本社负责调换．电话：010-88191502）
（版权所有　侵权必究　举报电话：010-88191586
电子邮箱：dbts@esp.com.cn）

国防经济学系列丛书

("十二五"国家重点图书出版规划项目)

1. 《国防经济学》
    陈 波/主编,郝朝艳、余冬平/副主编,2010年12月出版,88.00元
2. 《国防经济学前沿专题》
    陈 波/主编,郝朝艳、侯 娜/副主编,2010年12月出版,35.00元
3. 《冲突经济学原理》
    [美]查尔斯·H·安德顿、约翰·K·卡特/著,郝朝艳、陈波/主译,
    2010年12月出版,39.00元
4. 《战争与和平经济理论》
    [法]范妮·库仑/著,陈 波、阎 梁/主译,2010年12月出版,39.00元
5. 《国防采办的过程与政治》
    [美]大卫·S·索伦森/著,陈 波、王沙骋/主译,2013年12月出版,38.00元
6. 《现代国防工业》
    [美]理查德·A·毕辛格/主编,陈 波、郝朝艳/主译,2014年3月出版,76.00元
7. 《国防经济思想史》
    陈 波、刘 群等著,2014年4月出版,78.00元
8. Arms Race, Military Expenditure and Economic Growth in India
    Na Hou(侯娜)/著,2015年4月出版,36.00元
9. 《国防预算与财政管理》
    [美]麦卡菲、琼 斯/著,陈 波、邱一鸣/主译,2015年5月出版,72.00元
10. 《城堡、战斗与炸弹:经济学如何解释军事史》
    [美]于尔根·布劳尔、休帕特·万·蒂尔/著,陈 波等/译,
    2016年4月出版,59.00元
11. 《军事资本:模型、方法与测度》
    闫仲勇、陈 波/著,2016年10月出版,32.00元
12. 《和平经济学:冲突国家宏观经济分析》
    [美]于尔根·布劳尔、[英]保罗·邓恩/著,陈 波、侯娜/主译,
    2016年11月出版,32.00元

此系列丛书联系方式:
联系地址:北京市海淀区学院南路39号 中央财经大学国防经济与管理研究院
邮　　编:100081